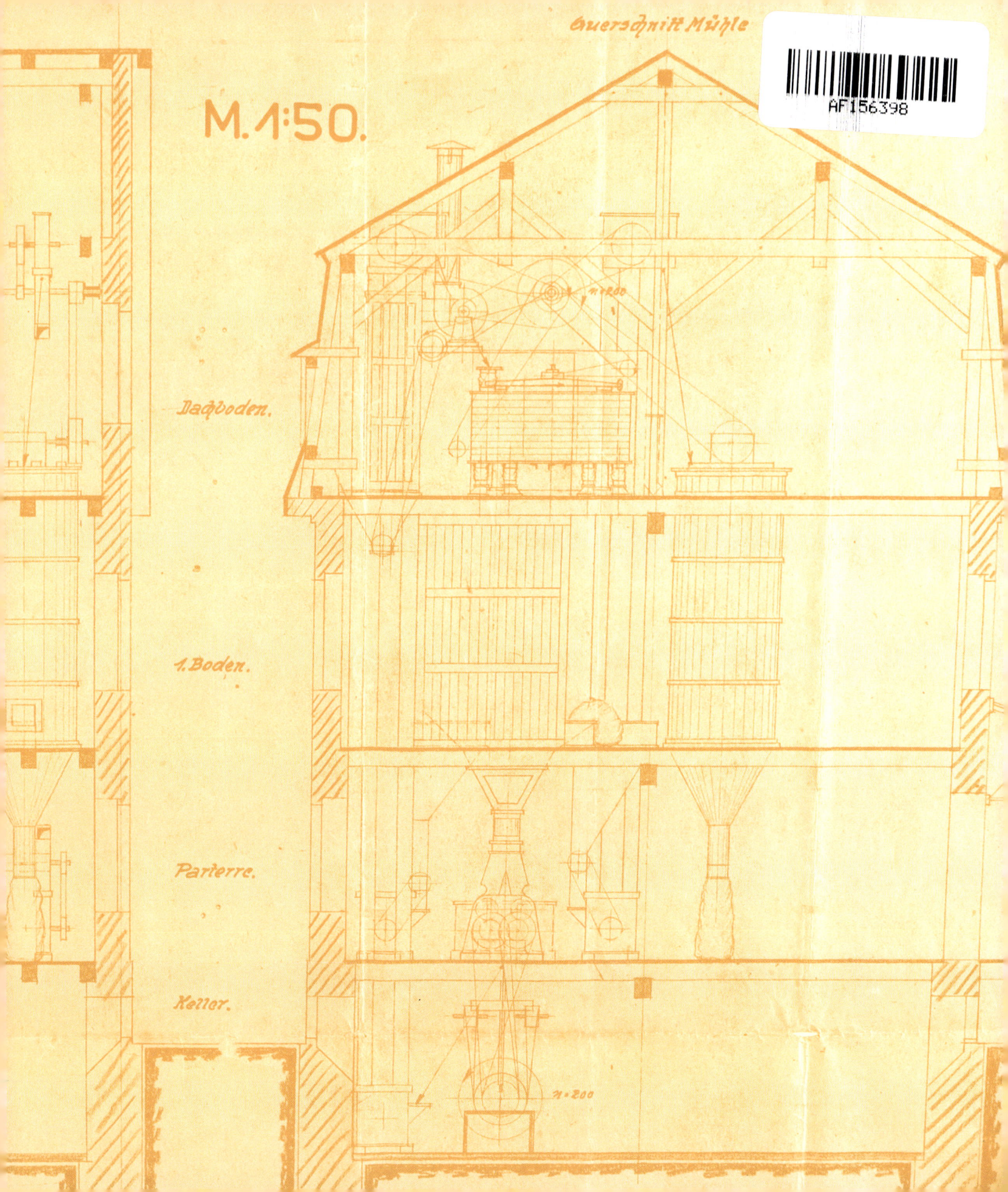

M.1:50.

Querschnitt Mühle

Dachboden.

1.Boden.

Parterre.

Keller.

BROT und HEIMAT
von Müllermeisterin Annelie Wagenstaller

WAGENSTALLER

und Elmar Kinninger als Photograph, Layouter und Graphiker

Impressum

Alle deutschsprachigen Rechte vorbehalten · © 2005 (3. überarbeitete Auflage 2011)

Idee, Konzeption, Texte, Rezepte, Bilderstyling: Annelie Wagenstaller

Herausgeber: Eigenverlag Wagenstaller

Alle Bilder rund um's Thema, die Seitenlayouts und die Produktion: Elmar Kinninger · www.elmarkinninger.de

Historische Bilder: Familie Wagenstaller und Archiv Martin Wagenstaller (Farbbilder)

Gedruckt in Bayern bei: Rapp-Druck · Flintsbach/Obb. · www.rapp-druck.de

ISBN 3-00-017650-0

Quellennachweis

Vogelschwingen, Windgeschenke, Sämann · Hilde Domin, Fischer-Verlag
Wasser - Mühlen - Hämmer · Christian Brandstätter Verlag 1984
Schädlinge · Deutsche ICI GmbH
Speisen mit Brot · MIR Verlag Moskau /VEB Fachbuchverlag, Leipzig 1979
Hören · Gedicht von Marta Brandner
Schöne alte Wassermühlen · Weltbildverlag 1990
Die Kraft der Kräuter · Christl Niederkofler, Athesia Verlagsanstalt, Bozen 1999
Glück zu · Brockhausverlag, Leipzig 1984
Mühlenmärchen · Jugendbuchverlag Ernst Wunderlich 1952
Klagelied einer Wirtshaussemmel · Karl Valentin, Piper Verlag GmbH, München 1985

Widmung

Dieses Buch widme ich meinem Vater

und den vergangenen Müller-Generationen

nach dem Motto

„Lebe jeden Tag mit Zufriedenheit"

Brot und Heimat sind für mich als Stiergeborene
die wichtigsten Dinge in meinem Leben.

In diesem Buch werden Sie vieles über mich und meinen
Berufsstand des Müllers erfahren, Sie können eintauchen in
Geschichten aus längst vergangenen Tagen.
Um Ihnen ein Verständnis für den Wert unseres wichtigsten
Grundnahrungsmittels zu vermitteln, zeige ich Ihnen seinen Weg
vom Acker bis zum Teller auf. Sie werden erfahren, wie viel Ar-
beit und Wissen nötig ist für unser LEBENSMITTEL. Sie be-
kommen Einblick in die Arbeit von uns Müllern, und auch die
Kunst des Brotbackens versuche ich Ihnen nahe zu bringen.

Da wir unsere Heimat nicht an jeden Ort, an den wir gerade vom
Leben gestellt werden, mitnehmen können, ist dieses Buch viel-
leicht der Schlüssel zur Heimat, denn Brotbacken kann ich überall,
auch in der kleinsten Wohnung mit dem einfachsten Küchenofen.
Und wenn aus diesem dann ein unvergleichlicher Geruch von
Geborgenheit aufsteigt, ist meine Heimat nicht weit weg.

Die Heimat unserer Sinne ist das Fühlen - Riechen - Sehen -
und Schmecken. Der Teig fühlt sich in Hamburg oder München
gleich an, wenn wir die Gewürze unserer Heimat verwenden, er
riecht nach zuhause, sein Aussehen ist auch gleich und schmecken wird unser Brot wie frisch von der Oma mit Butter bestri-
chen. Jetzt heißt es nur noch Augen zu und Sie sind daheim!

Wer aber gar nicht weg will von zuhause, kann sich mit Brot
die ganze Welt einladen.
Wenn der Geruch von frischen Vinschgerln durch die Wohnung zieht,
ist Südtirol nicht weit, mit Knoblauch verfeinert, ist unsere Küche
ein schönes Fischlokal irgendwo in einem Fischerhafen am Meer.
Kreieren Sie Heimat und bleiben so unvergesslich.

*Dieses Buch soll Sie einladen Brot zu erleben, begeben Sie
sich mit mir auf eine
historische Entdeckungsreise
vom Müller zum Brot.*

Annelie

Inhaltsverzeichnis

Hinweise zu Abkürzungen und Mengenangaben:

Tee- und Esslöffel sind gestrichen zu verstehen.

1 TL	*= 1 Teelöffel = 5 g*
1 EL	*= 1 Esslöffel = 15 g*
1 Tasse	*= 100 - 150 Gramm oder Milliliter*
1 Würfel Hefe	*= 42 g reicht für 500 g - 1 kg Mehl*
1 Pck. Trockenhefe	*= 11 g reicht für 500 g Mehl*

Meisterbrief

Frau Annelie Wagenstaller, geboren am 14.5.1965 in Schloßberg —
hat die Meisterprüfung im —— Müller —— Handwerk mit
Erfolg abgelegt und ist zur Führung des Meistertitels berechtigt.

MÜNCHEN AM 30. APRIL 1986

HANDWERKSKAMMER FÜR OBERBAYERN

PRÄSIDENT   HAUPTGESCHÄFTSFÜHRER

Drei Generationen Müllermeister Wagenstaller

Meisterbrief

Herr Anton Wagenstaller — geboren am 4.8.1935 in Obermühl —
hat die Meisterprüfung im —— Müller —— Handwerk mit
Erfolg abgelegt und ist zur Führung des Meistertitels berechtigt.

MÜNCHEN AM 21. MAI 1965

Meisterbrief

Herr August Wagenstaller, geb. am 1.10.1891 in Pausmühle,
hat die Meisterprüfung für das   Müller —   Handwerk mit Erfolg abgelegt.
Hierüber wird dieser Meisterbrief erteilt.

München, den 18. Febr. 1918

Die Meisterprüfungskommission:

Der Vorsitzende:

Die Prüfer:

München, den 18. Febr. 1918

Handwerkskammer von Oberbayern:

Der Präsident:

Der Syndikus:

Die Müllerchronik der
Familie Wagenstaller
reicht bis in das
16. Jahrhundert zurück.
Die erste urkundliche
Erwähnung findet sich
in Maria Altenburg
an der Moosach.

Müllermeisterin Annelie Wagenstaller

Annelie Wagenstaller, die jüngste Müllermeisterin Deutschlands, war lange Zeit das Thema in der Branche. Zwischenzeitlich haben sich die Wogen des Außergewöhnlichen wieder geglättet, aber sie mag es nun mal nicht wirklich ruhig und sorgt somit als Autorin dieses Buches erneut für Furore.

Diese waschechte Oberbayerin, die in der Nähe des Simssees in ihrem Elternhaus gemeinsam mit ihrem Mann und ihren drei Söhnen lebt und arbeitet, kann man mit dem Begriff „Powerfrau" nicht treffender beschreiben. Alles, was sie anpackt, organisiert, plant und aus der Taufe hebt, ist gekennzeichnet von ihrer Energie, ihren Ideen, ihrer Kraft und ihrer Zielstrebigkeit. Wenn sie etwas in ihre Aufmerksamkeit genommen hat, findet sie mit ihrer absolut positiven Lebenseinstellung einen Weg, die Sache zu realisieren.

Genauso war es mit diesem Buch. Da hat sie irgendwann einmal erkannt, dass was fehlt auf dem Markt für Brotbackbücher. Sie kennt eine Menge Leute, die wieder eine Menge Leute kennen und ehe sich alle Beteiligten versehen, steht sie in der Türe und fragt, wann sie zum Korrekturlesen kommen kann. Wie gesagt Obermühler Power pur!

Wenn man speziell bei diesem Thema dann noch den traditionellen Hintergrund kennt und das Glänzen in ihren Augen sieht, wenn sie von ihrem „Papi" in der Mühle erzählt, dann erkennt man sofort, dass sich mit Leidenschaft eine ganze Menge erreichen lässt.

In der x-ten Generation Müller, eine Mutter, die leider zu früh Witwe wurde, aber trotzdem ähnlich wie ihre Tochter mit beiden Beinen im Leben steht, eine Menge kreativer Schwestern und rundherum Verwandt-

schaft, die nicht nur gerne feiert, sondern die Autorin bei ihrer Ideenrealisierung tatkräftig unterstützt.

Dass es sich bei den folgenden Seiten um eine gelungene Mischung aus Geschichte, Familienhistorie, Tradition, Know-how und Spaß rund um das Thema Brot handelt, werden Sie bald erkennen.

In diesem Buch ist es Annelie Wagenstaller gelungen, dem Leser Raum für eigene Ideen zu lassen. Auch motiviert das Buch beim wiederholten Durchblättern immer neue Facetten des Themas „Brotbacken" zu entdecken – richtig spannend.

(Elmar Kinninger, Freund der Familie)

Über die Autorin und Müllerin
Annelie Wagenstaller wurde
viel berichtet:
Speziell als sie
im Jahre 1986
als die „Jüngste
Müllermeisterin
Deutschlands" für
Aufsehen sorgte.

Hier nur ein kleiner
Auszug aus den
Archiven regionaler
und internationaler
Zeitungen.

B 6843 D

Treu der Heimat
www.trachtenverband-bayern.de

Heimat- und Trachtenbote
Zeitschrift des Bayerischen Trachtenverbandes e. V.

Nr. 4

69. Jahrgang

Traunstein, den 15. Februar 2002

Besuch bei einer Müllerin in Obermühl bei Söllhuben

Mühle und Naturkostladen als außergewöhnliche Familien-Aufgabe

„Das Wandern und das Mahlen ist nicht nur des Müllers, sondern auch der Müllerin Lust!" - nach diesem Motto trifft man im versteckt liegendem Obermühl bei Söllhuben (Gemeinde Riedering) eine selten anzufindende Vertreterin der Müllers-Zunft. Annelie Bauer geht in der Mühle in einem denkmalgeschützten, stattlichen...

allerhand. Ihr Berufsbild ist unter anderem aufgegliedert in Kraftfutter-Müller, Kraftfutter-Herstellung sowie Gewürz-Müller mit Tee-Herstellung und Gewürz-Vermahlung. 1981 wurde auch der Mühlenladen mit ausschließlich eigenen Produkten eröffnet. Der Theorie in der Meisterschule von München...

10 Jugend

Jungmüllerin A

In der fast tausendjährigen Oberm jüngste Müllermeisterin »die Hos

(göl) – Etwas versteckt in einem roman an der Straße von Beuerberg nach Wurm Mühle auf dem Land neben einem idyll zahlreichen großen und kleinen Mühlen es bei der Obermühle ist.

Hier präsentiert sich dem Besucher ein prächtiges Gebäude mit schöner Haustür, die schon einem Portal ähnlich ist. Üppiger Blumenschmuck ziert die beiden Balkone. Die Giebelseite des Hauses ist zum Teil mit Stuckarbeiten ausgestattet, links und rechts unterm Vordach

---

Friseure

Kür der Weltmeister

Vom 2. bis 4. Oktober ist die weltweit größte Fachausstellung Friseurbedarf – Körperpflege – Kosmetik in Düsseldorf geöffnet. 350 Aussteller aus 13 Ländern stellen ihre Produkte vor. Größtes Spekta-

Baugewerbe

Bauwirtschaft optimistisch

Der Zentralverband Deutschen Baugew (ZDB) meldet eine gung der befriedige Lage am Bau. Die Nac ge nach Bauleistung Bauproduktion ist wä der Sommermonate e leicht gestiegen. Die der Beschäftigten nahm sonbedingt nochmals ringfügig zu. Und es wieder investiert. Die

Müller

Jüngste Müllermeisterin

23 Jahre alt ist Deutschlands jüngste Müllermeisterin Annelie Bauer aus Obermühl im Chiemgau. Seit zwei Jahren bereits arbeitet sie als Meisterin in der väterlichen Mühle, die auf eine 60jährige Familientradition zurückblicken kann.

Neben ihrer Tätigkeit Müllerin betreibt Anne Bauer einen Vollwert-B laden: Für ihr gemahl bis zu geschrotetes Korn a biologischem Anbau ko men die Kunden aus de weiten Umland bis aus d Landeshauptstadt Mü chen.

Haustechnik

Hohe Umsätze im Süden

Die Gruppe der etwa 17000 im haustechnischen Anlagenbau tätigen Betrie

jam mehr als l Erstaunlich ist d me von drei Fra sem traditione chen Handwerk keine reine Man mehr ist.

tivität auf den Dächern relativ rasch durch Regen abgewaschen worden sei. Eine besondere Belastung der Dächer sei daher nicht zu erwarten. Die Bundesregierung sehe deshalb auch keine Notwendigkeit, vor Arbeiten auf Dächern wegen möglicher Strahlenbela...

THE GERMAN TRIBUNE

22 May 19

■ HORIZONS

14

Frau Bauer, the lone miller of Riedering, is the youngest in a dying trade

this article for the Bonn daily, Die Welt, Harald Scheidt looks at a flourmill in south Germany run by one person, a 22-year-old woman, and examines what it is that makes her customers line up for flour.

Now that spring is truly here and there are no more frosts, Annelie Bauer can sleep at night.

Frau Bauer, 22, is the youngest... ter miller in the country. Her gre... worry in winter is that the all-impo... generator might freeze up.

The mill, in Riedering, a village... Rosenheim in southern Bavaria n... from the Austrian border, has be... the Wagenstaller family for 60 y... Anton Wagenstaller was her father... has been running the mill alone sin... died.

So she is doing what most of he... leagues first get a chance to do at... 26 at the earliest.

She is also one of the few women... become millers. It is getting harde... harder all the time because every... the number of flourmills declines. ...

In 1950, there were 30,000 of... By 1978, this had declined to a... 2,815. In the financial year 1986-8... closed, leaving just 1,637 to pro... the flour for the bread of the nation...

The Wagenstaller flourmill is the... survivor of three in the area. Frau I... says the supermarkets are causing... problems. They don't get their... from the local bakeries, those wit...

20-kilometre radius, which are the Wagenstaller mill's main customers.

atmosphere can at such times become a drudge — even though flourmills these

The number of flourmills in the Federal Republic has declined from 30,000 in 1950 to about 1,600 last year. Big automated mills have taken over. But despite this decline, there are small mills which are keeping their heads above water. In...

JOB-POOL FOOD

„Als Müllerin
ernährt man sich
automatisch
gesünder: viel
Dinkel und
Naturkost"

WEIZEN-MEHL

Annelie Bauer, 30, Müllermeisterin (Naturkostmühle Wagenstaller)
„Schon mein Urgroßvater war Müller, das ist bei uns Familientradition. Trotzdem war es für mich kein Zwang, Müllerin zu werden, ich konnte mir nie vorstellen, mal etwas anderes zu machen. Hier an diesem Platz steht seit 1050 Jahren eine Mühle, wir können mit ihr sogar unseren eigenen Strom erzeugen. Inzwischen arbeiten wir seit 15 Jahren nach Naturkostregeln"

Weinküferin
Der Job: Schon im 2. Jahrtausend vor Christus lernten die Ägypter, den Prozeß der Traubengärung zu steuern. Moderne Weinmacher müssen neben handwerk... lichem Können den gesamten Herstellungsprozeß, der heute ohne modernste...

Tel. 09 31/98 01-1 14, un
Postfach 11 10, 74190 Si
meister-Prüfung abgele
Wo du einsteigen ka
Saar-Ruwer, Kreishand
kastel-Wittlich, Te 1 0
Weinküferur
Letzterer ver
plätze. Eben
dort sind im

Der Job: Ni
Mischfutter k
schiedlichen
nisierten Ger
teten Müller
gehören Roh
Vorausset
Die besten
nische als a
Verdienste
(Handwerke
sich entsp
und hat d
Wie du
Lehre Ab
Wo du
gemein
Bonn,
schick
Rose
Abt.
5 1
We

Das alte Mühlrad hat längst ...
aber die kleine Mühle am B...

Familienbetriebe haben in der Stadt und im Landkreis Rosenhei...

Rosenheim/Landkreis (ai) — Längst hat das alte Mühlrad ausgedient, aber die kleine Mühle am rauschenden Bach lebt weiter. — Noch sieben Kleinmühlen gibt es in ganzen Landkreis Rosenheim. Sie haben als Familienbetriebe die Großmühlen überlebt.

An der einsam und idyllisch gelegenen Mühle von Anton Wagenstaller in Obermühl plätschert der Bach noch immer. Enten nehmen ihr morgendliches Bad, der Bach treibt schon lange kein Mühlrad mehr an: Vor rund 80 Jahren wurde es durch eine Turbine ersetzt. Und die Kleinmühle, die bereits im Jahre 1325 geschichtlich erwähnt ist wirft Mehl ihr Brot ab ...

prächtige Lage: die Mühle von Obermühl in der Gem...

...elie setzt auf Tradition

Riedering im Landkreis Rosenheim hat Deutschlands
Vom gestiegenen Gesundheitsbewußtsein profitiert

Jugend an berufen, in die Fußstapfen ihres Vaters zu treten. Sie lernte daher im elterlichen Betrieb, um das We...

Frau Bauer ist Müllerin
– die jüngste im Land

Immer mehr Privatkunden: Neuer Aufschwung in altem Gewerbe

Von Wulf Petzoldt

...berbayern ist sie die einzige Frau in einer ...zunft. Annelie ...teristerbrief. Noch da ...21 Jahren bundesweit die jüngste ihres Standes, bei Riedering am Simssee gelegen, ist eine der ältesten in weiß-blauen Landen, urkundlich erwähnt schon anno 1325.

Ihr ehrbares Handwerk hat Annelie von ihrem Vater Anton Wagenstaller gelernt. Inzwischen ist sie jung verheiratet. Mit einem Zimmerer. Davon ...

Bayerns jüngste Müllerin

Annelie Bauer von Riedering besitzt schon mit 21 Jahren den Meisterbrief

In Oberbayern ist sie die einzige Frau in einer uralten Zunft. Annelie Bauer arbeitet in einem Gewerbe, das bislang Männern vorbehalten war: Sie ist Müllerin mit Meisterbrief. Noch dazu mit 21 Jahren bundesweit die jüngste ihres Standes. Die Mühle dagegen, bei Riedering am Simssee gelegen, ist eine der ältesten in weiß-blauen Landen, urkundlich erwähnt schon Anno 1325.

Ihr ehrbares Handwerk hat Annelie von ihrem Vater Anton Wagenstaller gelernt. Inzwischen heißt sie Bauer, weil sie jung verheiratet ist. Nicht mit einem Müller, sondern einem Zimmerer! Davon kündet direkt vor der Mühle ein Hochzeitsbaum. Der Stolz aus Holz trägt zwei Berufssymbole – ein Mühlrad und eine Säge mit Zollstock.

Im Ladengeschäft der Obermühle gibt es nicht nur Mehl, sondern auch verschienerlei Vollwertkost. (Fotos: V. Puchstein)

...lerin mit Meisterbrief

...t auch die Kunst des Brotbackens / Von Wulf Petzoldt

Bild: Puchstein

Jüngste in einem alten Beruf: Meisterin Annelie Bauer

Auf der Waage

Oft strauchelt unser bestes Streben.
Gestehen wir es ununwunden:
Wir werden manches Mal im Leben
gewogen und zu leicht befunden.

Doch wem das liebe Leibes Nahrung
so viel, so sehr, zu oft will munden,
der kennt gewiß auch die Erfahrung,
gewogen und – zu schwer befunden.

Joseph Straßer

Nr. 30/1986 – Seite 5

Altbairische Heimatpost

11

Wie wird man Müllerin?

Als ältestes Müllerdirndl in einem Dreimädelhaus stand ich nach meinem Schulabschluss vor der Entscheidung, werde ich nun Müllerin oder Bürokauffrau?

Die Anforderungen, die der Beruf an einen stellt, fand ich sehr abwechslungsreich und interessant. Durchaus ein Beruf für eine Frau.

In der Berufsfachschule in Stuttgart (die einzige in Deutschland) waren wir vier weibliche Müllerlehrlinge. Die Lehrer und 60 männliche Kollegen haben uns ganz schön gefordert.

Die Freude am Umgang mit Naturprodukten und mit den Kunden waren kein Problem. Aber als es dann losging mit Bohrstücken in der Metallbearbeitung - es quietschte fürchterlich-, mit Säge- und Lederarbeiten und einer vollautomatischen, computergesteuerten Mühle, gab es noch einiges zu lernen, denn wir Mädchen wollten natürlich besser sein als die Jungs.

Für mich persönlich war der Unterricht in der Bäckerei mit Backversuchen besonders interessant. Meine Kunden und dieses Buch profitieren noch heute von diesen Kenntnissen und Erfahrungen.

Wichtig für einen Müller sind auch Kenntnisse in Buchhaltung, Laboruntersuchung, Typenbestimmung, Qualitätskontrolle und Getreideauslese. Denn nur aus bestem Qualitätsgetreide kann hochwertiges Mehl erzielt werden.

Das Getreide wird in der Mühle gereinigt und zur Vermahlung gebracht. Diese muss schonend den Mehlkörper von den Randschichten trennen. Die Aufgabe des Müllers ist, diesen Weg zu kontrollieren und eventuell zu korrigieren.

Mit Händen gefühlt, mit Augen betrachtet, wird der Weg des Korns zum Mehl prüfend begleitet.

Eine interessante Ausbildung, die mich in drei Jahren im elterlichen Betrieb zum Gesellenbrief führte. Diese Tatsache und eine Sonderzulassung zur Meisterprüfung machten mich mit 21 Jahren zur jüngsten Müllermeisterin Deutschlands.

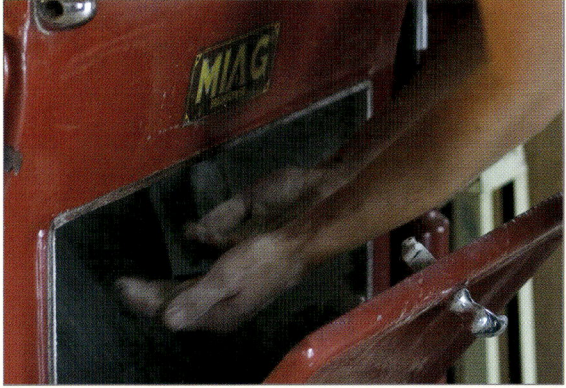

Die Mühen der Najaden

Höret auf, ihr Mädchen,

Die ihr in den Mühlen arbeitet.

Jetzt schlaft und lasst die Vögel

Der Morgenröte entgegen singen,

Denn Ceres hat den Najaden befohlen,

Eure Arbeit zu verrichten.

Diese gehorchen, werfen sich auf die Räder,

Treiben mächtig die Wellen ...

Und durch diese die schwere Mühle.

Schonet die mahlende Hand, o Müllerinnen,

Und schlafet sanft!

Es verkünde der Hahn euch den Morgen umsonst!

Dea hat die Arbeit der Mädchen den Nymphen befohlen,

Und jetzt hüpfen sie leicht über die Räder dahin,

Dass die erschütterten Achsen mit ihren Speichen sich wälzen,

Und im Kreise die Last drehen des wälzenden Steines.

Es ist das Hohelied des Lobes auf die Wassermühle, das in einem Epigramm des griechischen Dichters Antipatros von Thessaloniki gesungen wird. Antipatros war ein Zeitgenosse Ciceros und lebte im letzten Jahrhundert vor der Zeitenwende. Er rühmte die Wasserkraft als Befreierin der Mahlsklavinnen.

Mein Wasserfall in Obermühl

Der Weg vom Müller zum Brot

Eintauchen in die Geschichte,
erleben wie's vor Generationen war.
Eine Strecke mitgehen,
teilwerden und Erfahrungen sammeln.

Drei Generationen Müller:
Mein Vater (Mitte), mein Großvater (oben
und unten) mit mir in der Mühle

Handdrehmühle

Recht anschaulich vermittelt Vergil (70 - 19 v. Chr.) in seinem „Moretum" eine Bedienungsanleitung für die kleinere Handdrehmühle, mit der ein Kilo Mehl in einer guten Viertelstunde produziert wurde.

Drinnen lag auf der Erde
Ein trauriger Haufen Getreide,
Davon nimmt er hinweg,
Soviel, um die Metze zu füllen,
Die an Gewicht zweimal
Acht Pfunde Getreide umfasste.
Geht dann zurück und tritt
Zur Mühle; die Lampe, die treue,
Stellt er ab auf ein Brettchen,
Das er eben hierzu befestigt
Hing an der Wand. Sodann
Befreit er vom Kleide die beiden
Arme, und mit dem Fell
Der zottigen Ziege gegürtet,
Fegt er mit ihrem Schweif
Den Schoß und die Steine der Mühle.
Ruft dann die Hände ans Werk,
Dem beiderseitig er obliegt.
Während die Linke bedient,
Ist die Rechte hart an der Arbeit.
Sie lässt kreisen das Rund
Ceres (Getreide - G.St.) fließet herab,
Vom Stoß der Steine zermalmet.
Manchmal kommt auch die Linke
Der müden Schwester zu Hilfe,
Und sie tauschen die Rollen.
Bald singt er ländliche Lieder
Und versüßt sich die Milch
Durch den Klang der bäuerischen Stimme.
Als das drehende Werk
Sein rechtes Ende gefunden,
Trägt er hinüber das Schrot
Mit der Hand ins Sieb zu schütten,
Schwingt´s und es bleibt ganz oben
Zurück der schmutzige Abfall,
Abwärts sinkt die gesäuberte
Ceres reinlich geschieden ...

(Moretum von Vergil)

Steinbrot à la Annelie

**Man benötigt dazu ein Lagerfeuer und ein paar flache Steine.
Des Weiteren einen leichten Hefeteig und ein Gläschen Rotwein.**

Auf Seite 69 finden Sie das dazugehörige Rezept „Baguette"

Anleitung:

Rund um ein Lagerfeuer die Steine legen, damit sie heiß werden. Nach ca. einer Stunde - wenn

das Feuer und das Gläschen Rotwein dem Ende zugehen - werden die Steine in die Glut gelegt.

Sie sollten so heiß sein, dass der Wein spritzt, wenn er darauf getropft wird.

Jetzt den Teig zwischen den Händen flach drücken und auf den Stein legen.

Den Fladen auf jeder Seite ca. 10 Minuten backen.

Das richtige Rezept, um sich zu erden!

Hören

Ich höre das Getreide singen

knisternd sich reife Ähren lösen

das sanfte Murmeln der Spinnen

beim Drehen ihrer Fäden,

ich höre das Schlürfen der Fliege

am Rande der Pfütze

das Poltern des Käfers

und seine Küsse,

ich höre die Sonnenstrahlen

zufrieden in der Luft vibrieren

den Morgentau schmatzen

den Abendstern seufzen,

und heute

hörte ich den Flug

des federleichten Samens ...

(Marta Brandner)

Windgeschenke

Die Luft ein Archipel

von Duftinseln.

Schwaden von Lindenblüten

und sonnigem Heu,

süß vertraut,

stehen und warten auf mich

als umhüllten mich Tücher,

von lange her

aus sanftem Zuhaus

von der Mutter gewoben.

Ich bin wie im Traum

und kann den Windgeschenken

kaum glauben.

Wolken von Zärtlichkeit

fangen mich ein,

und das Glück beißt

seinen kleinen Zahn

in mein Herz.

(Hilde Domin)

Zeitreise –
am Simssee vor 40 Jahren

Der Boden ist die natürliche Kraftquelle eines jeden landwirtschaftlichen Betriebes.

Diese durch sorgfältige und zeitlich richtige Bodenbearbeitungsmaßnahmen und zweckmäßige Aufwendungen zu vergrößern, ist das Ziel eines jeden Bauern. Richtige Bodenpflege lässt sich nur in tiefer Verbundenheit mit dem Boden und im stetigen Kampf mit der Natur gewinnen.

Jede Generation sollte dazu ihren Beitrag leisten, denn Grünkraft ist Lebenskraft für alle.

Die Geschichte des Ackerbaus lehrt:

Zwischen Mensch und Erde
muss Freundschaft sein,
wenn der Acker
den Menschen tragen soll.

Zwei Pferdestärken beim mühsamen Ackern mit dem einscharigen Handpflug.

Von der Zeit der Aussaat

Was bei abnehmendem Mond geerntet und zur Aussaat verwandt wurde, keimt und wächst zwar langsamer, bringt auch weniger Halm, liefert aber größeren Ertrag an Korn, wie wenn es bei wachsendem Mond geschnitten worden wäre. Überhaupt geht jede Art von Samen, der bei zunehmendem Mond in die Erde kommt, schneller auf, wächst rascher und bringt auch, weil er bei zunehmenden Mond sich entwickelt, mehr Grün, wie wenn er bei abnehmenden Mond ausgesät würde, weil, wenn er zu dieser Zeit gesät würde, er langsamer auskeimen würde, bis er in guter Kraft weiterwächst.

aus „Causae et curae" der Hl. Hildegard v. Bingen

Zwei Generationen Bartl – beim Eggen und Säen.

Unser Nachbar, der Bartlbauer, bei der Aussaat. Der Hof vom Bartl wird bereits 930 das erste Mal urkundlich erwähnt.

Vinschgerl

700 g	Roggenmehl Type 997
300 g	Weizenmehl Type 550
30 g	Fertigsauer (2 EL)
	oder
200 g	Sauerteig, diesen von der Roggenmehl-
	menge aber abziehen
700 ml	Wasser
1 Würfel	Hefe
3 TL	Salz
5 g	Koriander
5 g	Fenchel, grob gemahlen
10 g	Kümmel
	Schabzigerklee gemahlen = Käseklee /
	Blauer Steinklee kann noch rein

Aus den Zutaten einen weichen Teig herstellen und
damit 100 g schwere (flache) Teiglinge formen. Diese
mit dunklem Roggenmehl (Vollkorn) bestäuben und
so lange gehen lassen, bis sie sich etwa verdoppelt
haben.

Vor dem Einschieben auf die mittlere Schiene den
Ofen auf 240° C vorheizen. Bei voller Hitze 25 Minu-
ten backen.
Man kann vor Backbeginn noch 1 Tasse heißes
Wasser auf ein vorgeheiztes Blech (unterste Schiene)
stellen.

Schüttelbrot

Das Schüttelbrot verdankt seinen Namen der unge-
wöhnlichen Herstellung. Der Roggenteig wird nämlich flach geschüttelt und erst dann gebacken. Der
runde, dünne und trockene Fladen besteht eigentlich
nur aus einer Kruste, die auch hart sein kann. Dabei
kommt es auf das Mehl an: Je dunkler es ist, desto
härter wird das Brot. Der Bäcker legt die runden
Teiglinge nach einer kurzen Ruhezeit auf ein Brett
und dreht es schnell im Kreis, während er gleichzeitig
den Teig in die Höhe wirft. Das lockert den Teig und
macht ihn flach.

Tipp:
Um die Finger wieder sauber zu bekom-
men: Schwamm-Kratzerl und kaltes
Wasser.
Immer Wasser in der Spüle lassen, sonst
klebt alles an der Armatur.

Tipp:
Vinschgerl immer vor dem Einschießen
mit einer Nadel stupfen.

Biervinschgerl

Zutaten für ca. 10 Stück

250 g	Roggenmehl Type 997
1 TL	Salz gehäuft
1 Pck.	Backpulver
1 TL	Kümmel
1 TL	Koriander
½ TL	Schabzigerklee
¼ l	Weißbier
300 g	Roggenschrot zum Formen

Alles zu einem weichen Teig verrühren, bis der Teig ohne Mehlklumpen und geschmeidig ist. 30 Minuten gehen lassen.

Ca. 300 g Roggenschrot auf die Arbeitsplatte geben. Teig abstechen und in dem Schrot zu flachen Platten - ca. 10 cm Durchmesser - drücken; nicht kneten, da der Teig sehr weich ist. Von oben auch mit Schrot bestreuen. Diese auf das mit Backpapier ausgelegte Blech legen.

Zugedeckt noch ca. 15 Minuten gehen lassen.

Backrohr auf 240° C vorheizen und auf der mittleren Schiene mit 200° C - 220° C ca. 35 Minuten backen. Es ist eine etwas „bazige" Angelegenheit, aber es gibt schöne, lagerfähige Vinschgerl.

Fladenbrot

375 g	Mehl
¾ Würfel	Hefe
½ TL	Salz
200 ml	Wasser
3 EL	Öl in den Teig
3 EL	Öl zum Beträufeln

Die Hefe zerkrümeln, mit etwas Wasser glatt rühren. Das restliche Wasser, Salz, Mehl und Öl zufügen. Mit Knethaken zu einem glatten Teig verarbeiten.

Den Teig ca. 10 - 15 Minuten ruhen lassen.

Dann beliebige geschmacksgebende Zutaten unterkneten oder den Teig pur auf einem ungefetteten Backblech oder in einer Pizzaform zu einem Fladen (Ø 30 cm) ausrollen, nochmals mit Öl beträufeln und goldgelb backen.

Schmeckt warm oder kalt. In 12 Stücke schneiden.

Geschmacksvarianten:
200 g Röstzwiebeln unterkneten oder 100 g geraspelten Käse oder 50 g fein gewürfelten Schinken oder 2 TL Rosmarin. Sehr pikant ist auch eine Mischung aus 40 g schwarzen gehackten Oliven, 1 EL gehackte Pinienkerne und 1 TL Kräutern.

Getreideernte in Ackersdorf

Früher waren auf jedem Hof Knechte und Mägde. Die Getreideernte war Gemeinschaftsarbeit, wie wir sie heute noch bei der Weinlese erleben.

Die Arbeit begann frühmorgens und ging bis spät in die Nacht. Die Ernte dauerte je nach Betriebsgröße bis zu fünf Wochen.

Das Getreide musste möglichst trocken eingebracht werden. Das Feld wurde mit der Sense geschnitten; dabei wurden die Halme in einer langen Reihe zur Seite geschoben. Anschließend wurden diese gebündelt.

Danach nahm man einige Halme und band damit die anderen zu einer Garbe zusammen. Die Garben wurden zu sogenannten Getreide-mandl aufgerichtet. So standen sie einige Tage auf dem Feld zum Trocknen, um dann mit dem Pferdewagen in die Scheune gefahren zu werden.

Im Winter drosch man die Körner mit Dresch-flegeln - später mit Dreschmaschinen - aus den Ähren.

Vor noch knapp 40 Jahren: Der Schlosser Görgl und seine Schwester Nani beim Gertreideschnitt von Hand mit der Sense.

Vom Ernten des Getreides

Auch das Korn, das in der Ernte von den Schnittern bei wachsendem Mond geschnitten wird, liefert mehr Mehl, wie wenn es bei abnehmendem Mond gemäht wurde, weil es bei einem zunehmenden Mond seine ganze Vollkraft besitzt, die bei abnehmenden Mond etwas beschränkter ist. Dagegen kann es, bei abnehmenden Mond geerntet, seine Kraft besser bewahren, wie wenn es bei wachsendem Mond geschnitten wird. Korn, das bei zunehmenden Mond geerntet, aber zur Saat in die Erde geworfen wird, bewurzelt sich schneller, geht auch rascher in den Halm und bringt schneller und mehr Stroh, aber weniger Ertrag, wie wenn es bei einem abnehmenden Mond geschnitten würde.

aus „Causae et curae" der Hl. Hildegard v. Bingen

Das Feld grenzt direkt an unseren, zur Mühle gehörenden Grund.

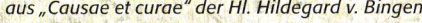

Die Korngarben werden mit der Hand zu Getreidemandl aufgebunden.

Wunderschönes und dennoch bizarres Relikt aus vergangenen Mühlenzeiten (aus dem Chiemgau).

Das letzte Mühlrad

- getreu den handwerklichen Fähigkeiten, die einst vom Müller verlangt wurden.
„Ein Müller, wenn er Meister werden will, soll zum Meisterstück ein überschlechtig
Wasserrad abreißen, das Kamprad neukämmen, eine Haue in den Mühlstein
einsenken, das Getreide vorstellen, die Mühle auf drei Teile fassen und solche
untadelig gangbar machen", fordert eine Zunftordnung von 1660.
War der Müller von Mutter Natur mit zwei linken Händen ausgestattet, so blieb
ihm die Wahl, den Beruf aufzugeben oder sich einen Mühlenbauer anzuheu-
ern, die seinerzeit noch als wandernde Gesellen durch die Lande zogen.

Mein Opa und Martin Steinberger, „Guatscher" von Parnsberg

Mühlenzwang

Um es den Bauern einfacher zu machen und wegen schlechter Wege und
Straßenverbindungen, hatte früher jeder Ort seine Mühle.
Die Bauern waren gezwungen, das Korn in ihre Mühle zu bringen.
Der Müller mahlte das Korn und behielt sich seinen Mahllohn und den Abputz ein.
Für die Qualität des zu vermahlenden Korns war der Bauer selbst verantwortlich.
Wenn also der Sommer schlecht war, gab es auch nur Mehl
von geringer Brauchbarkeit. Dies war oft Ursache von Streit.

Die Mühlsteine aus Neubeuern waren weit über die Grenzen des Inntals hinaus bekannt und begehrt.

Das Wandern war des Müllers Lust

Der wandernde Mühlenbaugeselle zog noch durch die Lande, fertigte Wasserräder,
Flügelkreuze und Holländergalerien nach altem Stil und war zugleich noch Tischler,
Zimmermann, Schlosser, Schmied und Stellmacher. Er verlebte die Nächte in einem mit
Stroh ausgeschlagenen Bettkasten und die Tage beim Mahlsteinschärfen. Und das ging so:

Und nun zum Stein. Den mache erst mal reiner,
damit man sieht, ob er noch Schärfe hat.
Er hat geschmiert! Drum hol in einem Eimer
heiß Wasser, Bürste, Schwamm, damit der Teig geht ab!

Nun hol das Richtscheit her und Ziegelfarbe,
Rühr' diese an zu einem leichten Brei!
Hier siehst du's schwach, da wieder dieses starke
Rot auf dem Stein, hier wieder ist er frei!

Das lehrt uns alles, Junge, lass dir sagen,
Wenn du am Stein nicht gleiches Färben siehst.
Wir müssen darum sogleich Sorge tragen,
Dass nach dem Schärfen alles eben ist.

Hier ist es flach! Drum schärfen wir hier leichter.
Wo stark das Rot, da packt man derber zu.
Das Herzstück hier, es ist um vieles weicher
Drum tut's der Hammer - nimm ihn mal dazu!

Leicht angefangen, dann nach innen tiefer,
Beim Buchsen ziemlich einen Finger tief,
Das Richtscheit diene dir als Prüfer,
Ob deine Arbeit gut und recht verlief.

Bist du nun fertig, geht es an die Schrenzen,
Luftfurchen auch, so werden sie genannt.
Die Arbeit hier hat ganz diesselben Grenzen.
Wie dir vom Herzstück her ja wohlbekannt.

Stille Zeitzeugen

Aus dem Bilderzyklus
„Mühlen im Chiemgau" von Elmar Kinninger

Das Brot

Ich selber war ein Weizenkorn.
Mit vielen, die mir anverwandt,
lag ich im lauen Ackerland.
Bedrückt von einem Erdenkloß,
macht´ ich mich mutig strebend los.
Gleich kam ein alter Has´ gehupft
und hat mich an der Nas´ gezupft,
und als es Winter ward, verfror,
was peinlich ist, mein linkes Ohr,
und als ich reif mit meiner Sippe,
o weh, da hat mit seiner Hippe
der Hans uns rutschweg abgesäbelt
und zum Ersticken festgeknebelt
und auf die Tenne fortgeschafft,
wo ihrer vier mit voller Kraft
im regelrechten Flegeltakte
uns klopften, dass die Schwarte knackte!

Ein Esel trug uns nach der Mühle.
Ich sage dir, das sind Gefühle,
wenn man, zerrieben und gedrillt
zum allerfeinsten Staubgebild´,
sich kaum besinnt und fast vergisst,
ob Sonntag oder Montag ist.
Und schließlich schob der Bäckermeister,
nachdem wir erst als zäher Kleister
in seinem Troge bass gehudelt,
vermengt, geknebelt und vernudelt,
uns in des Ofens höchste Glut.
Jetzt sind wir Brot. Ist das nicht gut?
Frischauf, du hast genug, mein Lieber,
greif zu und schneide nicht zu knapp
und streiche tüchtig Butter drüber
und gib den andern auch was ab!

WILHELM BUSCH

Das Hausbrot

In den früheren Zeiten wurde das Brot selbstverständlich zu Hause gebacken, wenn einige Dienstboten da waren, gleich zwölf und mehr Laibe auf einmal, wobei der Laib etwa 3 - 4 Kilo schwer war.

Nachfolgend ein Rezept aus alter Zeit:

Zu einer kleinen Menge, also 6 Laiben, werden ungefähr 23 kg Mehl genommen und entsprechend dieser Menge kommen auch die übrigen Zutaten.
Zum Ansäuern wird etwa ein Klumpen von 2 kg „Ura" (Sauerteig) genommen. Dieser Sauerteig wird zur Mittagszeit des vorhergehenden Tages mittels lauwarmen Wassers begossen, damit er weich und löslich wird. Abends gießt man einen Wassereimer

voll lauwarmen Wassers hinzu und schüttet soviel Mehl hinein, als nötig ist, um die Dichtigkeit des Breies halbflüssig zu machen.

Zugedeckt bleibt nun dieser Mehlbrei bis zum nächsten Morgen stehen, worauf die Hauptmasse des Mehles hinzugeschüttet und mit der Spatenschaufel tüchtig umgerührt wird. Darauf kommen zwei Hand voll Salz, 2 dk Kümmel, 3 dk Fenchel, und jetzt wird der Teig solange geknetet, bis er frei von Mehlspuren ist; das dauert etwa eine halbe Stunde lang. Mit einem Tuche zugedeckt muss er zwei Stunden gehen.

Manche Bäuerinnen mengen dem Brotteig auch gekochte, zerdrückte Kartoffeln bei, wodurch das Brot saftiger wird und länger weich bleibt.
Danach wird der Teig portionsweise in die mit Mehl

Das Einheizen des Backofens, der auch heute noch verwendet wird.

Das Einschießen vom Brot in den heißen Backofen.

angestaubten „Bochkörbln" getan; nochmals eine Stunde gehen lassen. In der Zwischenzeit den Backofen anheizen und reinkehren.

Vor dem Einschießen der Laibe werden sie oben mit einem nassen Borstenbesen überstrichen. Das Einschießen geschieht mittels der langstieligen Brotschaufel, ebenso das nach einer halben Stunde folgende Umschießen. Weil der Backofen nämlich in der Tiefe viel wärmer ist als vorne, muss man die Laibe umwechseln. Nach weiteren zwei bis drei Stunden ist das Brot gar. Es wird nach dem Herausnehmen mit kaltem Wasser abgeschreckt und zum Verkühlen auf eine Bank gelegt.

Originalabschrift Böhmerwälder Kochbuch

Frisches Brot beim Hanslwirt

Bergbauernbrot

250 g	Sauerteig (vorbereitet, siehe Seite 43)
½ l	lauwarmes Wasser
1 kg	Roggenmehl Type 997
1 Würfel	Frischhefe
1 TL	Zucker
3 TL	Salz
1 ½ EL	gemahlener Kümmel
	etwas Milch zum Bepinseln
	Kümmelkörner zum Bestreuen

Den Sauerteig mit ¼ l lauwarmem Wasser und 4 EL Roggenmehl glatt rühren. Mit einem Tuch bedecken und über Nacht - möglichst warm - stehen lassen.

Restliches Roggenmehl in eine Schüssel geben. Eine Mulde hineindrücken, Hefe in die Mulde bröckeln. Die Hefe mit 1 TL Zucker, 5 EL lauwarmem Wasser und etwas Mehl vom Rand zum Vorteig verrühren.

Die Schüssel mit einem Tuch bedecken. Den Vorteig 20 - 30 Minuten gehen lassen. *(siehe Tipp r.o.)*

Den Sauerteig zum Hefevorteig in die Schüssel geben, Salz und gemahlenen Kümmel dazugeben. Alle Zutaten zu einem glatten Teig verarbeiten und mit den Händen 10 - 15 Minuten lang gut durchkneten.

Die Schüssel mit einem Tuch bedecken. Den Teig 2 Stunden gehen lassen.

Den Teig nochmals 10 Minuten lang gut durchkneten. Ein ovales Brot formen. Das Brot auf ein gefettetes, leicht bemehltes Backblech legen und mehrmals schräg einschneiden. Mit einem großen Küchentuch bedecken. Bei 26° C - 30° C etwa 2 Stunden gehen lassen.

Das Bergbauernbrot vor dem Backen mit lauwarmer Milch bepinseln und mit Kümmelkörnern bestreuen. Im vorgeheizten Ofen auf der mittleren Schiene (250° C 10 Minuten, dann 180° C 60 - 70 Minuten) backen.

Tipp:
Auf die Zugabe von Hefe kann verzichtet werden, wenn wir den Teig beobachten, ihn so lange gehen lassen, bis sich sein Volumen verdoppelt.
Dann wie beschrieben weiterverarbeiten.

Inntaler Laib

500 g	Roggen-Vollkornschrot
500 g	Roggen-Vollkornmehl
25 g	Salz
1 EL	Essig
1 EL	Zitronensaft
1 Würfel	Hefe
750 ml	warme Buttermilch od. saure Milch

Alle Zutaten 5 Minuten mit einem Handrührgerät (Knethaken) zu einem Teig kneten. Den Teig mit einem Küchentuch abdecken und 30 Minuten an einem warmen Ort ruhen lassen. Danach zu einer Kugel formen.

Den geformten Teig mit einem Küchentuch abdecken und 45 Minuten gehen lassen.

Backofen auf 240° C vorheizen, darin 5 Minuten backen, und dann zurückschalten auf Kuchentemperatur.
E-Herd 200° C · G-Herd Stufe 3 · Heißluft 190° C

Backen:
Den Teig auf einem Blech auf die mittlere Schiene des Ofens schieben und 60 Minuten backen.

Nach dem Backen auf einem Gitter auskühlen lassen.

Roggenbrot

Für den Vorteig:

500 g	Roggen-Vollkornmehl
350 ml	warmes Wasser
3 EL	Sauerteig (flüssig)

Für den Hauptteig:

500 g	Roggen-Vollkornmehl, fein gemahlen
½ Würfel	Hefe
1 TL	Salz
1 EL	gemahlener Kümmel
ca. 200 ml	Sauerkrautsaft
150 ml	Wasser

Quellzeit für den Vorteig: über Nacht.

Zubereitungszeit: 40 Minuten
Ruhezeit: 1 Stunde
Backzeit: 1 Stunde 20 Minuten
Backtemperatur:
E-Herd 200° C · G-Herd Stufe 3 · Heißluft 190° C

So wird's gemacht:
Vorteig aus dem Mehl, dem Wasser und dem Sauerteig zubereiten, kneten und über Nacht im warmen Raum zugedeckt ruhen lassen. Am anderen Tag das Mehl, die in lauwarmem Wasser gelöste Hefe, das Salz, den Kümmel und den Sauerkrautsaft zufügen. Den Teig kräftig kneten und 1 Stunde gehen lassen.

Den Backofen auf 220° C vorheizen. Nun den Teig mit den Händen kneten, formen, mit Wasser bestreichen und mit einer grob zinkigen Gabel Löcher in den Laib stechen. Einen Topf mit kochend heißem Wasser auf den Boden des Backofens stellen und das Brot auf der mittleren Schiene 60 - 70 Minuten backen.

Kürbiskernbrot

450 g	Mehl Type 1050
1 Würfel	Hefe
½ TL	Zucker
¼ l	lauwarme Milch
30 g	Margarine
150 g	Zwiebeln
100 g	gekochter Schinken, gewürfelt
100 g	geräucherter Schinken, gewürfelt
2 TL	Salz
1 EL	schwarzer Pfeffer, frisch gemahlen
1	Eigelb und etwas Milch zum Bepinseln
3 EL	Kürbiskerne zur Dekoration

Mehl in eine Schüssel geben, in die Mitte eine Mulde drücken.
Hefe mit Zucker und einem Teil der lauwarmen Milch verrühren und in der Mulde ca. 15 Minuten gehen lassen. Pflanzenmargarine erhitzen und die Zwiebelwürfel leicht anbraten. Mit den übrigen Zutaten zu dem Vorteig geben und alles gut durchkneten. Etwa 30 Minuten gehen lassen. Wieder durchkneten und in einer gefetteten Kastenform nochmals 30 Minuten gehen lassen. Die Oberfläche einkerben, mit verquirltem Eigelb bestreichen und mit Kürbiskernen bestreuen. Im vorgeheizten Backofen ca. 50 Minuten backen.

E-Herd 200° C · G-Herd Stufe 3 · Heißluft 180° C

Zwiebel-Dill-Brot

500 g	Mehl Type 1050
1 Würfel	Hefe
½ l	Milch
½ TL	Zucker
2 TL	Salz
200 g	Zwiebeln, fein geschnitten
3 Bund	Dill, geschnitten
50 g	Pflanzenöl
2	Eier

Mehl in eine Schüssel geben, in die Mitte eine Mulde drücken.

Hefe mit Zucker und einem Teil der lauwarmen Milch verrühren, in der Mulde ca. 15 Minuten gehen lassen. Die übrigen Zutaten zugeben und gut verkneten. Ca. 30 Minuten gehen lassen. Wieder durchkneten, einen Wecken formen, der auf einem gefetteten Backblech nochmals 30 - 40 Minuten gehen muss.

Im vorgeheizten Backofen ca. 50 Minuten backen.

E-Herd 200° C · G-Herd Stufe 4 · Heißluft 180° C

Römerbrot

1 kg	Weizen-Vollkornmehl Type 1700
1 ½ Würfel Hefe	
680 ml	warmes Wasser oder Molke
1	gehäufter EL Salz
1 TL	gemahlener Kümmel
1 TL	gemahlener Koriander
2 EL	Flocken zur Dekoration

Zubereitungszeit: 25 Minuten
Ruhezeit: 1 Stunden 15 Minuten
Backzeit: 1 Stunde 10 Minuten

Das Mehl in eine Rührschüssel geben. Die Hefe in etwas lauwarmem Wasser lösen. Das Mehl, die Hefe, das Salz und die Flüssigkeit vermengen und den Teig kräftig kneten. Zugedeckt ruhen lassen, bis sich das Teigvolumen verdoppelt hat. Den Teig nun mit den Händen kneten. Den Backofen auf 240° C vorheizen. Römertopf vorbereiten und anschließend ausfetten. Den Teig in die Form geben, nochmals gehen lassen. Die Oberfläche des Brotes mit Wasser bestreichen, Flocken darauf streuen und auf der mittleren Schiene des Backofens backen. Einen Topf mit kochend heißem Wasser auf den Boden des Backofens stellen. Nach 20 Minuten auf 170° C zurückschalten, dann noch etwa 50 Minuten backen.
Das Brot auf einem Gitter abkühlen lassen.

Schrotbrot

1 kg	Weizen-Vollkornschrot, fein
25 g	Salz
700 ml	warmes Wasser
1 Würfel	Hefe
50 ml	Wasser

Weizen-Vollkornschrot, Salz und Wasser mit einem Handrührgerät (Knethaken) 3 Minuten kneten. Den gesamten Teig zusammendrücken und mit einem Handtuch abgedeckt 30 Minuten an einem warmen Ort ruhen lassen.

Danach die in 50 ml Wasser aufgelöste Hefe mit der Hand gut unter den Teig kneten. Den Teig nun nochmals 15 Minuten an einem warmen Ort ruhen lassen. Nun den Teig stückweise aus der Rührschüssel nehmen und gleichmäßig in gefettete Blumentöpfe verteilen und andrücken. Wichtig dabei, den Boden der Töpfe mit Backpapier auslegen. Den Teig abgedeckt an einem warmen Ort 45 Minuten gehen lassen.

Den aufgegangenen Teig auf die mittlere Schiene des Ofens stellen und 60 Minuten backen. Aus dem Topf schneiden und auf einem Gitter auskühlen lassen.

E-Herd 220° C · G-Herd Stufe 4 · Heißluft 200° C

Bauernbrot

850 g	Weizenmehl Type 1050
150 g	Roggenmehl Type 1370
20 g	Salz
2 Pck.	Trockenhefe
20 g	Fertigsauer
600 g	Wasser

Hefe, Wasser und etwas Zucker in eine Mulde im Mehl geben, etwas gehen lassen. Nun die restlichen Zutaten hinzugeben, zu einem glatten Teig verarbeiten, diesen ca. ½ Stunde gehen lassen.
Wenn wir weniger Hefe verwenden wollen, den Teig einfach länger gehen lassen.

Die Luft von außen nach innen herausdrücken und mit dem Schnitt nach oben in ein Brotkörbchen legen. Noch ca. ½ Stunde gehen lassen und auf's Backblech stürzen.

Backzeit: 15 Minuten auf 250° C, dann zurückschalten auf 200° C und ca. 40 Minuten ausbacken.

Gewürz-Vollkornbrot

750 g	Weizenvollkornmehl
250 g	Roggenvollkornmehl
2 Pck.	Trockenhefe
1 EL	Salz
1 EL	Koriander
1 EL	Kümmel
2 EL	Leinsamen
3 EL	Sonnenblumenkerne
4 EL	Sesamsamen
¾ l	lauwarmes Wasser

Mit dem Knethaken den Teig gut durcharbeiten, anschließend aber auch noch von Hand auf der bemehlten Backunterlage kräftig kneten.
Teig dann zu einer ca. 30 cm langen Rolle formen und diese in eine Kastenform legen. An einem warmen Ort 15 Minuten gehen lassen und bei 180° C - 200° C ca. eine Stunde backen. Beim Backen ein mit Wasser gefülltes Gefäß in das Backrohr stellen.

Tipp:
Kann auch mit Anis oder - recht interessant - mit Schwarzkümmel zubereitet werden. Teigrolle an der Oberfläche rautenförmig einschneiden - gibt mehr Kruste!

Heute ist so ein richtiger Brotbacktag

Sie werden sich fragen: Wie meint sie das?

Es nieselt draußen, es ist Samstag, kalt ist es auch noch und das Mitte Mai.
Was soll man aus so einem Tag nur machen, außer das 1000. Buch zu lesen.

Ich möchte Sie einladen, mit mir Brot zu backen.
Achtung Ansteckungsgefahr. Brotbacken kann „süchtig" machen.

Mein Ziel ist es - und es zieht sich wie ein roter Faden durch mein Leben -,
die einfachen Dinge wichtig zu nehmen.
Wir führen kein einfaches Leben, sind auch keine Aussteiger,
arbeiten mehr als 12 Stunden täglich, aber mit Freude.

Meine Kinder sind mir wichtig. Mein Mann, seit 20 Jahren stark an meiner Seite.
Als Motor noch meine Mama - an Ausdauer und Temperament nicht zu überbieten.

Es wird bei uns viel gekocht und es schmeckt nicht immer allen.
Das ist beim Brotbacken schon einfacher.

Ich finde es auch schön, dass so ein Wecken nicht in 10 Minuten weggeputzt ist.
Und vor einem guten Brot haben fast alle Respekt.

Zweifeln Sie an Ihrer Fähigkeit, so etwas auch hinzubekommen?

Keine Angst – wir schaffen das!

Glück zu

(Müller-Gruß)

Sauerteig

Sauerteig ist ein Vorteig, der unter Einhaltung bestimmter Temperaturen und Gärzeiten aus Wasser und Mehl zubereitet wird. Dabei kommt es darauf an, die natürlichen Hefen sowie Essig- und Milchsäurebakterien zum Wachstum zu bringen.

Benötigte Zutaten für meinen Sauerteig. Roggenmehl 1370 und Wasser, etwas Honig und vielleicht noch Kümmel. Der Honig kommt am ersten Tag in den Sauerteig, weil er die Vermehrung der Essigsäure behindert.

Dieser Teil der Vorbereitung ist nur einmal notwendig, weil danach immer wieder ein Stück vom Vorteig weggenommen und neu angesetzt wird.

Der erste Schritt (siehe Bild 1, 2)
Ich vermenge Roggenmehl und Wasser mit 1 TL Honig zu einer Konsistenz wie bei einem Pfannkuchenteig in einer ausreichend großen Schüssel, da er sich noch vergrößert.
Gut zugedeckt stellen wir ihn nun für 24 Stunden an einen warmen Ort, dieser sollte konstant 28° C haben, z.B. im Bad auf die Fußbodenheizung, schön eingepackt in ein Frotteehandtuch.

Der zweite Schritt (siehe Bild 3 und 4)
Unser Sauerteig wirft nun schon leichte Bläschen und hat sich etwas verflüssigt.
Wir geben Mehl dazu, bis er die Konsistenz eines warmen Grießbreis hat. Jetzt darf er wieder 24 Stunden im Warmen rasten. In modernen Küchen ist der Kühlschrank oft freistehend und so geeignet, um unsere Teigschüssel darauf zu stellen. Die Abwärme lässt unseren Teig schön aufgehen.

Der dritte Schritt (siehe Bild 5)
Nun geben wir wieder Mehl dazu, bis er die Konsistenz eines Rührkuchenteiges hat. Nach weiteren 24 Stunden in der Wärme ist unser Sauerteig fertig.

Der vierte Schritt (siehe Bild 6)
Unser fertiger Sauerteig sollte so ausschauen wie auf der Abbildung. Er hat eine braun-gräuliche Farbe und einen strengen Geruch.

Es kann passieren, dass der Teig an einem der letzten Tage, z.B. durch zuviel Zugabe von Mehl, zu fest wird. Kein Problem – einfach Wasser hinzufügen, bis die gewünschte Konsistenz erreicht ist. Auch ist es möglich, den Sauerteig zu verlängern, indem wir entsprechend Mehl und Wasser dazugeben.

Wie lange hält mein Sauerteig: Wenn Sie ihn in der Wärme lassen, ist er ganz schnell kaputt, außer Sie füttern ihn weiter, dazu müssen Sie ihn aber wieder verflüssigen. Er wird von Mal zu Mal saurer.

Sauerteig lässt sich auch gut einfrieren, dazu backfertigen Sauerteig in Eiswürfelbehälter einstreichen. Um ihn wieder backfähig zu machen, am Abend vorher herausnehmen und wie ein Dampferl mit warmen Wasser ansetzen und zudecken.
Im Kühlschrank hält unser Sauerteig etwa eine Woche, wollen Sie ihn länger aufheben, dann sollte er mit Mehl zu einem Teigklumpen verarbeitet werden. So hält er sich über Wochen.
Wenn unser Sauerteig nichts zu essen bekommt, wird er sauer!

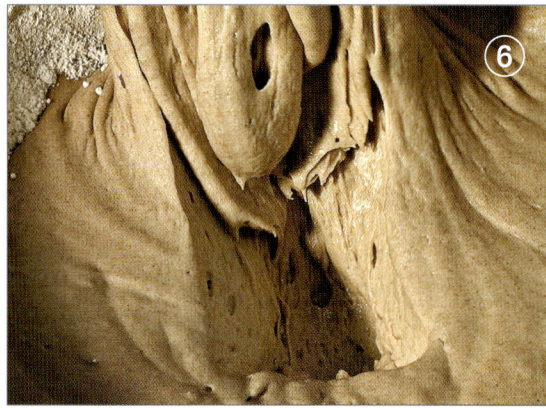

Vogelschwingen

Goldne und silberne Ampeln

die Regentropfen

auf jedem Grashalm.

Verweintes Wiesengesicht

leuchtend in Sonne.

Stille Kreise des Vogels,

rostbraune Schwingen,

so sanft im Himmel,

wie Liebe mit Liebe

im Gleichgewicht

in meinem Herzen.

(Hilde Domin)

Sämann

Der große Sämann,

ungerufen,

blies einen Atem von Blumensamen

über mich hin

und streute eine Saat

von Kornblumen und rotem Mohn

in meine Weizenfelder.

Das leuchtende Unkraut,

mächtiger Sämann,

wie trenn ich es je

von den Ähren,

ohne die Felder

zu roden?

(Hilde Domin)

Michaelibrot

500 g	Roggenmehl 1150
500 g	Weizenmehl 1050
1 Pck.	Trockenhefe
½ TL	Zucker
600 ml	Wasser
3 TL	Salz
3-4 TL	Brotgewürz
1 Tasse	Sauerteig backfertig

²∕₃ der Mehlmenge in eine Schüssel geben, in die Mitte eine Mulde drücken und Hefe, Zucker und etwas Wasser miteinander vermengen. Es soll ein weicher Brei entstehen. Diesen mit etwas Mehl zudecken. Nun an den Rand der Schüssel das Salz und die Gewürze legen. Wenn sich das Dampferl schön entwickelt hat, das restliche Wasser und den Sauerteig zugeben.

Dann das Ganze mit der Teigkarte oder mit der Rührmaschine zu einem Teig, der eher noch weich ist, zusammenfügen. Restliches Mehl zugeben und kneten.

Wenn der Teig noch zu weich ist, etwas Mehl hinzugeben.

Aber Achtung: Wir können kein Wasser mehr zugeben!

Ziel ist ein nicht zu harter Teig (Konsistenz wie Strudel).

Diesen kneten wir so lange, bis er schwitzt. Am besten schwitzen wir dann auch. So ca. 8-10 Minuten. Der Teig sollte schön geschmeidig sein.

Nun den fertigen Teig in eine bemehlte Schüssel geben oder auf der Arbeitsfläche mit einer Schüssel zudecken.

Ca. 1 Stunde gehen lassen. Den Teig von außen nach innen falten. Nun die Luft herausdrücken, nicht kneten.

Jetzt wird das Brot in ein bemehltes Gärkörbchen gesetzt. Je nach Raumtemperatur gehen lassen, bis es sich fast verdoppelt hat.

Bei Dinkelmehl nicht übergehen lassen, sonst wird das Brot recht flach.

Den Backofen auf 250 Grad vorheizen.

Unser Brot nun auf das Blech stürzen (vorsichtig) und auf der mittleren Schiene in den Ofen geben. Mit einem Pflanzenbesprüher ca. 10-mal an die Innenwand des Ofens sprühen und diesen schnell schließen (wichtig für die Bräunung und das Aufgehen des Brotes). Nach ca. 10 Minuten zurückschalten auf normale Kuchentemperatur. 50 Minuten ausbacken. Das Brot ist fertig, wenn es beim Klopfen hohl klingt.

Körndlbrot

450 g	Weizenmehl Type 1050
150 g	Roggenschrot
1½ Würfel	Hefe
1 Prise	Zucker
250-300 ml	Milch und Buttermilch
150 g	ganzer Weizen, vorgequollen
2 TL	Salz
1 Prise	Koriander

Mehl und Schrot in eine Schüssel geben, in die Mitte eine Mulde drücken.

Hefe zerbröseln, mit 1 Prise Zucker und etwas lauwarmer Milch verrühren und in die Mehlmulde geben. Ca. 15 Minuten bei guter Zimmertemperatur gehen lassen.

Dann den 2 Tage vorgequollenen Weizen zugeben, ebenfalls die restliche Milch und die Gewürze. Den Teig sehr gut durchkneten, formen und ca. 30 Minuten gehen lassen. Mit warmem Wasser bepinseln und im vorgeheizten Backofen 50 - 60 Minuten backen (eine Tasse Wasser mit in den Backofen stellen).

E-Herd 200° C · G-Herd Stufe 3 · Heißluft 180° C

Saatenbrot

500 g	Weizenmehl Type 1050
1 Würfel	Hefe
½ TL	Zucker
¼ l	lauwarmes Wasser
20 ml	Pflanzenöl
2 TL	Salz
50 g	Sesam
50 g	Leinsamen
50 g	Weizenschrot (grob gemahlen)

Mehl in eine Schüssel geben, in die Mitte eine Mulde drücken.

Hefe mit Zucker und einem Teil des Wassers verrühren und in der Mulde ca. 15 Minuten gehen lassen. Den Rest Wasser, Salz und Pflanzenöl zugeben. Sesam, Leinsaat und Schrot miteinander mischen. Einen Teil zum Bestreuen zurücklassen. Den Rest zugeben und alle Zutaten gut miteinander verkneten.

Ca. 30 Minuten gehen lassen, wieder durchkneten, einen runden Brotlaib formen, die Körnermischung darüber streuen und nochmals 30 Minuten gehen lassen. Die Oberfläche leicht einritzen und im vorgeheizten Backofen ca. 50 Minuten backen.

E-Herd 220° C · G-Herd Stufe 4 · Heißluft 190° C

Kranzbrot

400 g	Weizenmehl Type 1050
250 g	Roggenschrot (über Nacht eingeweicht)
¼ l	lauwarme Milch
1-1 ½ Würfel	Hefe
1 TL	Zucker
½ Tasse	Sauerteig
2 - 3 TL	Salz
1 TL	gemahlener Kümmel
½ TL	Koriander

Mehl und Schrot in eine Schüssel geben und in die Mitte eine Mulde drücken.

Einen Teil der lauwarmen Milch mit Hefe und Zucker verrühren und in die Mulde geben. Ca. 15 Minuten gehen lassen. Mit einem Handtuch abdecken.

Dann die restliche Milch, den Sauerteig, Salz, Kümmel und Koriander zugeben und alles miteinander vermischen. Mit der Hand oder elektrischen Küchenmaschine gut durchkneten. Zu einem Kranz formen und ca. 30 Minuten gehen lassen.

Mit lauwarmer Milch einpinseln und evtl. mit Sesam oder Mohn bestreuen.

Im vorgeheizten Backofen ca. 50 Minuten backen.

Eine Tasse Wasser mit in den Ofen geben.

E-Herd 220° C · G-Herd Stufe 4 · Heißluft 190° C

Einfaches Roggenbrot

1,5 kg	Roggenmehl Type 1370
1-1 ½ Würfel	Hefe
1 l	Wasser
1 Tasse	Sauerteig
3 - 4 TL	Salz

Mehl in eine Schüssel geben. Die Hefe mit einem Teil des lauwarmen Wassers glatt rühren, zu dem Mehl geben, zusammen mit dem restlichen Wasser, dem Sauerteig und dem Salz zu einem festen Teig verkneten. Mit Klarsichtfolie abdecken und einige Stunden bei normaler Zimmertemperatur gehen lassen (evtl. über Nacht).

Den Teig nochmals kräftig durchkneten und ein Brot formen, noch eine Stunde gehen lassen.

Den E-Herd auf 250° C (Heißluft 220° C, Gas-Herd Stufe 6) vorheizen und eine feuerfeste, mit heißem Wasser gefüllte Form auf den Ofenboden setzen. Das Brot mit Wasser bestreichen und mit Koriandersamen bestreuen.

Auf der mittleren Schiene ca. 10 Minuten backen, danach die Temperatur auf 200° C (Heißluft 180° C, Gas-Herd Stufe 3) reduzieren und das Brot weitere 50 Minuten backen. Auf einem Kuchengitter abkühlen lassen.

Topfweckerl

250 g	Weizenmehl Type 1050
250 g	Roggenmehl Type 1370
150 g	Weizenschrot
350 - 400 ml lauwarmes Wasser	
1 ½ Würfel	Hefe
1 TL	Zucker
2 TL	Salz
3 EL	Flocken zum Bestreuen

Mehl und Schrot in eine Schüssel geben und in die Mitte eine Mulde drücken.

Einen Teil des Wassers mit Hefe und Zucker verrühren und in die Mulde geben. Mit einem Handtuch abdecken und ca. 15 Minuten gehen lassen.
Dann das restliche Wasser und das Salz zugeben und alles gut miteinander verrühren. Gut durchkneten (mit der Hand oder elektrischen Küchenmaschine). Teig in einen gefetteten Blumentopf geben, auf dessen Boden wir Backpapier legen, mit lauwarmem Wasser oder Milch bestreichen und mit Flocken bestreuen. Nochmals ca. 30 Minuten gehen lassen.

Im vorgeheizten Backofen ca. 50 - 60 Minuten backen. Eine Tasse Wasser dazustellen.
So schnell wie möglich das Brot aus dem Topf lösen.

E-Herd 200° C · G-Herd Stufe 3 · Heißluft 190° C

Grahambrot

1 Würfel	Hefe
1 EL	brauner Zucker
¼ l	Wasser
500 g	Weizenschrot
3 TL	Salz
1 EL	Butter für den Teig
1 - 2 EL	Butter zum Bepinseln

Hefe in eine Tasse bröseln, mit Zucker mischen und mit etwas lauwarmem Wasser verrühren. Einige Minuten gehen lassen.

Inzwischen Schrot, Salz, das restliche Wasser und die Butter miteinander verkneten, dann die Hefelösung zugeben und alles zu einem glatten Teig verarbeiten.
Den Teig ca. 40 - 50 Minuten gehen lassen.

Nochmals kurz durchkneten, einen Laib formen und sehr vorsichtig mit flüssiger Butter bestreichen. Wieder ca. 30 Minuten gehen lassen, dann im vorgeheizten Backofen 40 Minuten backen.

Um dem Brot einen seidigen Glanz zu geben, kann man es vor dem Abkühlen mit gezuckerter Milch bepinseln.

E-Herd 220° C · G-Herd Stufe 4 · Heißluft 200° C

Klagelied einer Wirtshaussemmel

Von Karl Valentin

Nicht jede Semmel hat so ein schweres Dasein als gerade wir Wirtshaussemmeln. Eine Privatsemmel z.B. wird beim Bäcker gekauft, heimgetragen und meistens gleich gegessen. Aber wir Wirtshaussemmeln und meine Kolleginnen, die Römischen Weckerln, die Loabeln und die heruntergeschnittenen Hausbrote, wir haben meistens ein ekliges Dasein, bis wir von den Menschen verspeist werden.

Es hat sich ja einmal der Magistrat um uns gekümmert und hat in jeder Wirtschaft kleine Tafeln anbringen lassen mit der Inschrift: „Das Betasten der Nahrungsmittel zum Zwecke ihrer Prüfung ist verboten." Aber darum kümmert sich heute keine Sau mehr, viel weniger ein Mensch. Nicht genug, dass wir gleich nach unserer Erschaffung aus Mehl und Wasser sofort ins Krematorium kommen, werden wir, wenn wir fertiggebacken sind, von rohen Bäckerlehrbuben in die Lieferkörbe geworfen, diese Körbe werden wiederum unsanft ins Lieferauto geschwungen, und im 60-km-Tempo rasen wir armen Semmeln dem Restaurant oder Gasthof zu, in welchem wir heute noch verspeist werden sollen. Nicht jeder Semmel blüht dieses kurze Dasein wie einer sogenannten Eintagsfliege. Manchen Semmeln geht es wie den alten Jungfrauen. Sie bleiben über, wenn auch nicht so lange.

Nach Wochen und Monaten kommen wir in eine vielschneidige Guillotine (Knödelbrotschneidemaschine genannt), werden zu Scheiben geschnitten und bilden den Bestand der berühmten bayerischen Semmelknödel.

Aber wie traurig und dreckig geht es uns armen Wirtshaussemmeln! Wir werden von den Kassierinnen (früher Kellnerin) in aller Frühe ins Brotkörbchen gelegt und auf den Tisch gestellt. So - und nun sind wir der sogenannten Hygiene unterworfen.

Zum Frühschoppen kommt schon um 10 Uhr direkt vom Bahnhof die Familie Bliemchen aus Sachsen. Sie setzen sich alle an den Tisch, und Frau Bliemchen entnimmt gleich dem Brotkörbchen ausgerechnet «mich», drückt mir den Brustkorb ein und sagt zu ihrem Mann: „Gustav, guck mal, fühl mal das Brötchen an, wie weich das ist. Hier in Bayern ist das Brot nicht so knusprig gebacken wie bei uns in Leipzig."

Herr Bliemchen hatte keine Zeit, mich gleich zu drücken, er hatte sich mit seinem Taschen-

tuch eben die Nase geputzt, und erst, nachdem er dieses eingesteckt hatte, nahm er mich in die Hand, drückte mich zusammen, dass ich beinahe aussah wie ein Pfannkuchen, legte mich wieder in das Körbchen und sagte: „Du hast recht, liebes Paulinchen, die Brötchen sind hier scheinbar alle so weich" - indem er sich auch davon überzeugte und eine Semmel nach der anderen zerdrückte. Mit gebrochenem Brustkorb lagen wir Semmeln im Körbchen.

Herr und Frau aßen ihre Weißwürste, welche ihnen scheints auch nicht besonders schmeckten, aber die mussten sie ja schließlich essen, weil sie dieselben bestellt hatten. Wir Semmeln stehen aber unbestellt am Tisch, mit uns kann ja jeder tun und lassen, was er will.

Nach der Familie Bliemchen nahm ein alter Herr, der zwar sehr gut gekleidet war, aber trotzdem einen riesigen Schnupfen hatte, an dem Tische Platz. O weh, dachte ich Semmel, der wird mich und meine Kolleginnen wohl anniesen - gesagt - getan - einige Dutzend Male ging ein kräftiges Hah-zieh über uns Semmeln nieder, begleitet von einem heftigen Bakteriensprühregen.

Wir ertrugen gerne diese Schmach des Angespucktwerdens, uns war es nur um die armen Menschen leid, die nach dieser Sauerei vom Schicksal an diesen Tisch geführt werden.

Der alte Herr aß, trank, zahlte, nieste und ging. Eine Mutter mit vier Kindern waren die nächsten. Wir Semmeln zitterten, als wir die vier Kinder an den Tisch kommen sahen.

„Mutter, Mutter - darf i mir a Semmel nehmen?" schrie es durcheinander, und wie Sioux-Indianer überfielen die Buben das Brotkörberl, welches dem Ansturm nicht standhielt und über den Tisch hinunterkollerte und natürlich wir Semmeln auch.

Die Mutter schalt leise: „Glei klaubt´s die Semmeln auf und tut s' wieder ins Körberl neilegn schö, dass niemand siecht, de Semmeln genga euch gar nichts an, mir bstelln uns Brezen."

Zerdrückt, beschmutzt lagen wir vier Semmeln wieder ungegessen im Körbchen. Was wird aus uns noch werden, dachten wir.

Da kamen die vielen Mittagsgäste, schauten uns verächtlich an und bestellten sich anderes Brot, aber direkt vom Büfett.

Wir Semmeln sahen selber ein, dass wir zu unappetitlich aussahen, um verspeist zu werden. Keiner von den vielen Mittagsgästen wollte von uns was wissen - wir blieben auf dem Tisch stehen, obwohl wir fast von allen Gästen berührt, zerdrückt und angehustet wurden.

Bis der Abend kam, bis die Nacht kam - und schon gleich die Polizeistunde, da kam noch schnell ein Liebespaar geschlichen, setzte sich an den Tisch und trank mitsammen ein Glas Bier.

Sie hatten auch noch Hunger - aber nicht viel Geld. Wie wär´s mit den vier Semmeln? Indem sich beide verliebt in die Augen sagen, aßen sie dazu - uns vier Semmeln. Die beiden hatten gar nicht bemerkt, wie wir aussahen, denn Liebe macht blind ...!

Originaltext übernommen aus dem Buch:
Brot - aus Reclams kulinarische Reihe.

Kümmelstange

400 g	Weizenmehl Type 1050
1 Würfel	Hefe
1 TL	Zucker
200 ml	lauwarme Milch
50 g	Butter
½ TL	Kardamom
1 - 2 TL	Salz
2 TL	gemahlener Kümmel
	Milch zum Bestreichen
	Kümmel zum Bestreuen

Mehl in eine Schüssel geben, in die Mitte eine Mulde drücken. Die Hefe mit einem Teil der lauwarmen Milch und Zucker anrühren und in der Mulde ca. 15 Minuten gehen lassen. Die restliche Milch, die zerlassene Butter und die Gewürze zugeben und gut durchkneten.

Den Teig ca. 30 Minuten gehen lassen, wieder kneten und dünne ca. 10 cm lange Stangen formen. Auf einem gefetteten Backblech nochmals gehen lassen, mit warmer Milch bestreichen und mit Kümmel bestreuen.

Im vorgeheizten Backofen ca. 25 Minuten backen.

E-Herd 220° C · G-Herd Stufe 4 · Heißluft 190° C

Dinkelsemmel

350 g	Dinkelmehl Type 630
250 g	Dinkelschrot
3 TL	Salz
1 Würfel	Hefe
ca. ½ l	Wasser (oder Weißbier)

für ca. 10 Semmeln

Alle Zutaten in einer Teigschüssel vermischen, nach und nach ca. ½ l Wasser (Weißbier) dazugeben und verrühren, bis sich der Teig von der Schüssel löst.
Den Teig an einem warmen Ort gehen lassen, bis er doppelt so groß ist. Teig in gleich große Stücke teilen, daraus Semmeln formen und auf das mit Backpapier ausgelegte Blech setzen.
Zugedeckt 30 Minuten gehen lassen.

Den Ofen vorheizen. Auf der mittleren Schiene bei 220° C backen - beim Einschießen in den Ofen mit dem Pflanzenbesprüher 15 Mal in die Backkammer sprühen und ca. 25 - 30 Minuten backen.

Tipp:

Wann ist Ihr Brot fertig?
Mein Tipp: Klopfen Sie mit dem Fingerknöchel gegen den Boden. Wenn es hohl klingt, ist das Brot durchgebacken.

Semmel fürs Wochenende

1 kg	Dinkel, fein gemahlen
4 EL	Öl (Olivenöl)
1 Würfel	Hefe
2	Eier
4 TL	Kräutersalz
½ l	warme Buttermilch

Zum Bestreuen: Leinsaat, Mohn, Sesam u.a.

Alle Zutaten zu einem Teig verarbeiten (siehe Milchbrötchen); ca. 30 Minuten ruhen lassen.

Teig in gleich große Stücke teilen. Zur Höhle geformte Hand über die Teiglinge stürzen und (wie mit der Maus am Computer) im Kreis drehen.

Der Teig soll leicht am Tisch ankleben. Die mehlige Hand darf nicht am Teig ankleben (evtl. mehlen). Jetzt im Uhrzeigersinn drehen. So einen nach dem anderen formen.

Auf Backpapier setzen und ca. 30 Minuten gehen lassen. Vorsichtig bepinseln oder mit Wasser besprühen und mit Leinsaat, Mohn, Sesam u. a. (Fantasie) bestreuen.

Backrohr auf 210° C vorheizen und ½ Stunde bei 180° C backen.

Milchbrötchen

500 g	Dinkelmehl Type 630
1 Würfel	Hefe
1 TL	Zucker
¼ l	lauwarme Milch
1 TL	Salz
1 Ei	zum Bepinseln

Das Mehl in eine Schüssel geben und eine Mulde hineindrücken. Hefe in die Mulde bröckeln. Die Hefe mit 1 TL Zucker, etwas lauwarmer Milch und etwas Mehl zum Vorteig verrühren. Die Schüssel mit einem Küchentuch zudecken. Den Vorteig 20 Minuten bei Zimmertemperatur gehen lassen.

Restliche Milch und Salz zum Vorteig geben. Alle Zutaten zu einem glatten Teig verarbeiten. Den Teig schlagen, bis er Blasen wirft.

Aus dem Teig Brötchen von 5 cm Durchmesser formen. Mit Abständen von 5 cm auf ein gefettetes Backblech setzen. Das Backblech auf einen breiten, flachen Kochtopf mit heißem Wasser stellen. Mit einem großen Küchentuch zudecken. Die Brötchen etwa 15 - 20 Minuten gehen lassen.

Die Milchbrötchen vor dem Backen mit verquirltem Ei bepinseln. Auf der mittleren Schiene im vorgeheizten Ofen bei E-Herd 200° C · G-Herd Stufe 3 · Heißluft 190° C 20 - 25 Minuten backen.

Roggenbrötchen

300 g	Roggenmehl Type 997
100 g	Weizenschrot
100 g	Weizenmehl Type 550
1 Würfel	Hefe
¼ l	Wasser
2 TL	Salz
25 g	Butter oder Pflanzenmargarine
	etwas Zucker

Mehl und Schrot in eine Schüssel geben, in die Mitte eine Mulde drücken.

Die Hefe mit einem Teil des lauwarmen Wassers anrühren und in die Mulde geben. Ca. 15 Minuten gehen lassen. Dann die übrigen Zutaten zugeben und alles fest miteinander verkneten.

Abgedeckt ca. 30 Minuten gehen lassen. Nochmals durchkneten und kleine Kugeln formen. Die Brötchen in Mehl wenden und nochmals 30 - 40 Minuten auf dem Backblech gehen lassen. Ca. 25 Minuten backen.

E-Herd 200° C · G-Herd Stufe 4 · Heißluft 180° C

Rosinensemmel

500 g	Mehl Type 1050
¼ l	Milch
1 Würfel	Hefe
50 g	Butter
50 g	Zucker
je ½ TL	Zimt und Kardamom
1 TL	Salz
100 g	Rosinen
	Milch zum Einpinseln

Mehl in eine Schüssel geben, in die Mitte eine Mulde drücken. Einen Teil der lauwarmen Milch mit der Hefe verrühren, in die Mehlmulde geben und ca. 10 - 15 Minuten gehen lassen. Dann die übrigen Zutaten zugeben und gut miteinander verkneten.

Abgedeckt ca. 30 Minuten gehen lassen. Nochmals durchkneten und ca. 12 - 15 Brötchen formen. Auf einem gefetteten Backblech nochmals 15 - 20 Minuten gehen lassen.

Mit Milch einpinseln und im vorgeheizten Backofen ca. 30 Minuten backen.

E-Herd 200 ° C · G-Herd Stufe 3 - 4 · Heißluft 180° C

Schinkenbrötchen

450 g	Mehl Type 1050
1 Würfel	Hefe
½ TL	Zucker
125-250 ml lauwarme Milch	
50 g	Margarine
100 g	Zwiebeln, gewürfelt
150 g	roher Schinken, gewürfelt
1 - 2 TL	Salz, Pfeffer,
	etwas Milch, 1 Eigelb zum Bepinseln

Mehl in eine Schüssel geben, in die Mitte eine Mulde drücken. Hefe mit Zucker und einem Teil der lauwarmen Milch verrühren und in der Mulde ca. 15 Minuten gehen lassen.

Pflanzenmargarine erhitzen und die Zwiebeln und Schinkenwürfel leicht anbraten. Mit Salz würzen und mit der restlichen Milch zu einem geschmeidigen Teig verarbeiten. Ca. 30 Minuten gehen lassen. Brötchen formen und auf einem gefetteten Backblech nochmals 20 - 30 Minuten gehen lassen.

Im vorgeheizten Backofen ca. 30 - 40 Minuten backen.

E-Herd 200° C · G-Herd Stufe 3 · Heißluft 180° C

Vollkornsemmel mit Leinsamen

350 g	Weizenmehl Type 1050
150 g	Weizenschrot
¼ l	lauwarme Milch
1 Würfel	Hefe
1 TL	Zucker
1 - 2 TL	Salz
50 g	Pflanzenmargarine
	lauwarme Milch zum Bepinseln

Die Brötchen können auch mit Kümmel, Sesam oder Haferflocken bestreut werden.

Mehl und Schrot in eine Schüssel geben, in die Mitte eine Mulde drücken.

Einen Teil der warmen Milch mit Hefe und Zucker verrühren, in die Mulde geben und ca. 15 Minuten gehen lassen. Den Rest der Milch, Salz und Pflanzenmargarine zugeben und miteinander vermischen. Gut durchkneten. Brötchen formen, nochmals 20 - 30 Minuten gehen lassen. Oben einritzen, mit lauwarmer Milch bepinseln und mit Mohn bestreuen. Im vorgeheizten Ofen ca. 30 Minuten backen.

Rezept ergibt ebenfalls 15 - 20 kleine Brötchen, die sich sehr gut einfrieren lassen.

E-Herd 200° C · G-Herd Stufe 3 · Heißluft 180° C

Anis-Weckerl

500 g	Weizenmehl Type 550
1 Würfel	Hefe
1 TL	Zucker
¼ l	lauwarme Milch
1 TL	Salz
50 g	Pflanzenmargarine
1 TL	Anis, ganz
1 EL	Anis, gemahlen

Mehl in eine Schüssel geben, in die Mitte eine Mulde drücken.

Hefe mit einem Teil der Milch und dem Zucker verrühren und in der Mulde ca. 15 Minuten gehen lassen. Die restliche Milch, Salz, flüssige Margarine und den ganzen sowie den gemahlenen Anis zugeben und gut miteinander verkneten.

Ca. 30 Minuten gehen lassen. Brötchen formen und auf einem gefetteten Backblech nochmals 20 - 30 Minuten gehen lassen.

Mit Zuckerwasser bepinseln und im vorgeheizten Backofen ca. 30 - 40 Minuten backen.

E-Herd 200° C · G-Herd Stufe 3 · Heißluft 180° C

Quarksemmel

400 g	Weizenmehl Type 1050
100 g	Weizenschrot
2 TL	Backpulver
2 TL	Salz
2 EL	Zucker
1	Messerspitze Fenchel, gemahlen
300 g	Quark, 20 % F.i.Tr.
	evtl. etwas Milch
3	Eier

Mehl, Schrot, Backpulver, Salz, Zucker und Fenchel mischen. Den Quark und die Eier mit der Hand einarbeiten, bis ein glatter, geschmeidiger Teig entsteht.

Kleine Kugeln formen und auf ein gefettetes Backblech setzen und mit Haferflocken bestreuen.

Im vorgeheizten Backofen ca. 20 - 25 Minuten backen.

E-Herd 200° C · G-Herd Stufe 2 - 3 · Heißluft 180° C

Tipp:
Beim Semmelbacken gilt immer, je heller die Mehltype, umso lockerer werden sie.

Partybrötchen

750 g	Weizenmehl Type 550
750 g	Weizenvollkornmehl
3 TL	Salz
1 ½ Würfel Hefe	
ca. 800 ml Flüssigkeit (½ Milch und ½ Wasser)	

Zum Bestreuen: Mohn, Sesam, Leinsamen, Kümmel, Sonnenblumenkerne, geriebener Käse

Die Teigmenge reicht aus für ca. 100 Brötchen.

Mehl, Vollkornmehl, Salz, fein zerkrümelte Hefe und lauwarme Flüssigkeit in der Küchenmaschine ca. 10 Minuten kräftig durchkneten. Im Backofen bei 50° C aufgehen lassen, bis die Teigmenge etwa das doppelte Volumen erreicht hat. Dann gut durchkneten.

Teigportionen von ca. 20 g Gewicht abteilen.
Zu Kugeln formen und nebeneinander auf ein Backblech setzen. Die Oberfläche mit lauwarmem Wasser bestreichen.
Abwechselnd mit Mohn, Sesam o. a. bestreuen.

Nochmals ca. 20 Minuten aufgehen lassen, dann backen.

E-Herd 200° C · G-Herd Stufe 3 · Heißluft 180° C

Weizenkeimsemmel

400 g	Weizenmehl Type 1050
5 - 6 EL	Weizenkeime
200 ml	warme Buttermilch
1 Würfel	Hefe
1 TL	Zucker
2 TL	Salz
30 ml	Pflanzenöl (3 EL)
	etwas Anis

Ergibt ca. 15 - 20 kleine Brötchen, die sich gut einfrieren lassen.

Mehl und Weizenkeime in eine Schüssel geben und in die Mitte eine Mulde drücken. Einen Teil der Buttermilch mit Hefe und Zucker verrühren und in die Mulde geben. Ca. 15 Minuten gehen lassen. Den Rest der Buttermilch, Öl, Salz und Anis zugeben, miteinander vermischen, gut durchkneten.

Brötchen formen und nochmals 20 - 30 Minuten gehen lassen.

Mit lauwarmem Wasser einpinseln und mit Sesam bestreuen. Im vorgeheizten Backofen ca. 30 - 40 Minuten backen.

E-Herd 200° C · G-Herd Stufe 3 · Heißluft 180° C

Semmel-Variationen

500 g	Weizen oder Dinkel (frisch und fein gemahlen)
ca. 0,3 l	lauwarmes Wasser
1 TL	Meersalz
1 TL	Akazienhonig
¾ Würfel	Hefe
30 - 50 g	Butter (weich) oder Öl

Wasser, Honig und Hefe in einer Schüssel mit Hilfe eines Schneebesens gut verrühren. Mehl, Salz, Butter (Öl) dazugeben und unter kräftigem Schlagen mit Hilfe eines Kochlöffels zu einem elastischen weichen Teig verarbeiten, bis dieser sich von der Schüssel löst. Den Teigkloß auf einem bemehlten Brett mit den Händen noch 5 - 10 Min. kneten. Den Teig zu Rollen formen und die gewünschten Stückgrößen davon abschneiden.
Die geformten Teile aufs Backblech legen und ca. 15 Minuten gehen lassen.

Backofen auf 200 ° C vorheizen, Teigstücke einschieben und nach der Hälfte der Backzeit auf E-Herd 170° C · G-Herd Stufe 2 · Heißluft 160° C zurückschalten.

Die Backzeit richtet sich nach der Größe der ausgeformten Stücke.

Abwandlungen

Mohnzöpfchen
Dinkelmehlteig in ca. 20 g kleine Stücke portionieren, diese zu dünnen Stangen rollen und jeweils mit 3 Teilen Zöpfchen formen. In Mohn eintauchen wie bei Sesamstangen beschrieben.
Backzeit ca. 15 Minuten.

Dinkel-Sesamstangen
Dinkelteig in Rollen formen, kleine Stücke von ca. 30 g abschneiden, diese zu Stangen rollen, wenig Sahne oder Eiweiß auf einen flachen Teller geben, Sesam ungeschält auf einen flachen Teller geben, die ausgeformten Stangen darin eintauchen und umgedreht aufs Backblech legen. Wie ein Schnitzel panieren. Backzeit ca. 15 Minuten.

Brötchen mit Sonnenblumenkernen
Weizen- oder Dinkelteig zu Rollen formen (ca. 5 cm Durchmesser), ca. 5 cm breite Stücke abschneiden und wie bei Sesamstangen weiterverarbeiten.
Die Sonnenblumenkerne oder auch andere Nüsse können in den Teig eingearbeitet werden.
Backzeit ca. 20 - 25 Minuten.

Zwiebel- oder Kräuterbrötchen
Weizen- oder Dinkelteig herstellen, Zwiebeln in Streifen schneiden und in wenig Butter oder Öl goldgelb

rösten und unter den Teig kneten. Alternative: mit frisch gehackten Kräutern.
Backzeit ca. 20 - 25 Minuten

Pizza oder Fladenbrot (Pita)

Weizen- oder Dinkelteig mit Olivenöl zubereiten, zu Rollen formen (ca. 5 cm Durchmesser), ca. 5 cm breite Stücke abschneiden, zu runden Kugeln abdrehen und in größeren Abständen auf das Backblech legen. Nachdem der Teig dann gegangen ist, diesen mit den Fingern auf dem Backblech zu Fladen auseinanderdrücken.
Backzeit ca. 10 Minuten.

Backofen auf 200° C vorheizen, Teigstücke einschieben und nach der Hälfte der Backzeit auf ca. 160° C zurückschalten.

Laugen-Rezeptur

25 g	Natron
1 l	Wasser

Natron mit 1 Liter kaltem Wasser in einem flachen Emailtopf unter gelegentlichem Rühren aufkochen. Diese Lauge reicht für einige Anwendungen.
Vorsicht! Diese Lauge ist stark ätzend - Vor Kindern fern halten!

Laugenbrezen

500 g	Weizenmehl Type 405
¾ Würfel	Hefe
1 TL	Zucker
¼ l	Milch
1 TL	Salz
	körniges Salz zum Bestreuen

Aus allen Zutaten einen festen Hefeteig bereiten.
Diesen 20 - 30 Minuten gehen lassen.
Aus dem Teig etwa bleistiftdicke Stränge von 30 cm Länge rollen. Daraus Brezen formen und auf Backpapier legen. Das Blech auf einen breiten, flachen Kochtopf mit heißem Wasser stellen (sorgt für Wärme von unten) und beides - nicht zugedeckt - an ein offenes Fenster stellen (sorgt für Zugluft, damit sich eine feste Haut bildet). Die Brezen ca. 10 - 15 Minuten gehen lassen.
Jetzt können wir die Brezen nehmen und in die Lauge tauchen. Wir setzen sie wieder aufs Backpapier zurück und bestreuen sie mit körnigem Salz.
Vor dem Einschießen in den Ofen sprühen wir 15 Mal mit dem Wasserzerstäuber in den Backraum (Dampf).

Im vorgeheizten Ofen auf der mittleren Schiene bei E-Herd 220° C · G-Herd Stufe 4 · Heißluft 200° C 15 - 20 Minuten backen.

LAIB und SEELE Annelie Wagenstaller
von Müllermeisterin Annelie Wagenstaller

Laib und Seele

Mit diesem Buch beweist Annelie Wagenstaller erneut ihr Gespür für Themen aus Brauchtum und Tradition und verbindet dies mit ihren über Jahrzehnte gesammelten Kenntnissen und Erfahrungen aus Natur und Gesundheit. Mit vielen Rezepten nimmt die Müllermeisterin ihre Leser mit auf eine kulinarische Entdeckungsreise durch das kirchliche und weltliche Jahr in Bayern, gewürzt mit Erlebnissen aus ihrer Mühle.
Zudem untermalt sie den Jahreslauf mit Fotografien aus längst vergangenen Tagen sowie Ratschlägen und Wissenswertem von Hildegard von Bingen, dem Pfarrer Kneipp und anderen.

Reich bebildert und liebevoll gestaltet, ist auch dieses Buch wieder ein schönes Geschenk oder kurzweiliges Nachschlagewerk.

Erhältlich im Buchhandel oder portofrei beim Verlag unter:
www.wagenstallermuehle.de · ISBN 978-3-00-028130-3

Rund um die Mühle

„Viriditas"–die Farbe grün

Und Hildegard von Bingen verehrte die „viriditas", die „Grüne Kraft", die sich im frischen Lebensgrün offenbart: „... es ist eine Kraft aus der Ewigkeit, und diese Kraft ist heilsam".

„So sind denn ... in den Kräutern und Blumen
verborgene Geheimnisse Gottes,
die kein Mensch wissen und spüren kann,
es sei ihm denn von Gott eingegeben."

Hildegard von Bingen

Freundschaftlicher und dankbarer Umgang mit Heilpflanzen setzt mehr Heilkräfte frei als ihre bloße „Anwendung", ja, er vollbringt wahre Kräuterwunder. In der Pflanzengeistmedizin, dem schamanischen Umgang mit dem „grünen Volk" gibt es nur einen einzigen wirksamen Inhaltsstoff: Freundschaft. Der Schamane erkennt den Geist der Pflanze als seinen Freund an, den er beim Heilen als Verbündeten anrufen kann. Ihn bittet er, meist im Traum, um seine Hilfe, denn er ist überzeugt, dass dieser selbst die Tiefen des Herzens und der Seele zu heilen vermag. Ein Pflanzengeist heilt einen Patienten seinem Freund, dem Arzt, zuliebe, eben aus Freundschaft. Für den Schamanen sind Pflanzen dem Menschen in jeder Hinsicht wohl gesonnen und sie sind bereit, ihn am Segen ihrer Ursprünglichkeit teilhaben zu lassen. Allerdings wollen sie darum gebeten sein, denn sonst vermögen sie nicht wirksam zu werden, sagt Wolf-Dieter Storl. *(Pflanzenethnologe)*

Frühlingsbrot

mit Bärlauch - Brennnessel - Brunnenkresse

800 g	Dinkel, fein mahlen oder feiner Schrot
550 g	Dinkelmehl Type 1050
2 Pck.	Trockenhefe
1 TL	Honig oder Rohrzucker
660 ml	lauwarme Milch
240 ml	lauwarmes Wasser
3 TL	Meersalz (kann auch mehr sein)

Dinkelschrot frisch vermahlen.

Dinkelschrot und Mehl in die angewärmte Schüssel geben, Milch und Wasser in die Mitte geben, Hefe darin einstreuen, Honig dazu, etwas stehen lassen (ca. 5 Minuten). Alle übrigen Zutaten zu dem Vorteig geben und mit der Maschine durchkneten lassen (ist eher ein fester Teig). Wenn es ein Klumpen ist, der sich restlos vom Rand gelöst hat und alles Mehl verschwunden ist, noch ca. 3 Minuten weiterkneten lassen.

Anschließend den Teig mit öligen Händen (ich nehme Olivenöl) zu einer Kugel formen.

In eine Schüssel geben und mit einem Geschirrtuch zudecken.

Jetzt kann ich ca. eine Stunde spazieren gehen, bis sich der Teig verdoppelt. Also in den Wald oder Garten und Bärlauch holen.

Wir verwenden nur die mittleren Blätter - also ca. 6 Stiele zwischen den Fingern reiben und daran riechen - muss nach Knoblauch duften. Auf die zarten Blätter achten (Verwechslungsgefahr mit Herbstzeitlose).

Bärlauch verwenden wir im April und Mai, solange er nicht blüht. Er wirkt verdauungsanregend und ist gut für Galle und Leber.

Zu Hause - Bärlauch waschen und klein hacken.

Jetzt den Ofen auf 230° C vorheizen.

Den Teig mit öligen Händen flach drücken (Größe einer Pizza) , Bärlauch darauf streuen, Ecken einschlagen, zusammen rollen und in eine Raine oder zwei Kastenformen geben. Mit Wasser befeuchten und mit einer Gabel einstechen (Stupfen).

Tipp:
Brot kann auch mit Petersilie, Brennnessel oder Brunnenkresse gefüllt werden.

10 Minuten bei 230° C backen - nicht länger !

Ausbacken bei 180° C - 40 Minuten

Brot schmeckt am besten frisch (morgens backen - abends essen).

Dieses Brot lässt sich aber auch mit Brotgewürz verfeinern, wenn nichts ´Frisches´ zur Hand ist.

Kastenbrot à la Provence

250 g	Roggenvollkornmehl
250 g	Weizenvollkornmehl
1 TL	brauner Zucker oder Ahornsirup
3 TL	Vollmeersalz
1 Pck.	Trockenhefe
etwa ¼ l	Wasser
2 EL	Keimöl oder Olivenöl
2 EL	getrocknete Kräuter der Provence
2 EL	Milch zum Bestreichen
	evtl. Kräuter zum Bestreuen

Weizenmehl, Hefe und Zucker zu einem Vorteig verarbeiten. Die restlichen Zutaten zugeben, daraus einen Teig herstellen (kräftig kneten) und ca. 30 Minuten gehen lassen.

Aus dem Teig einen Laib oder Kranz formen und auf ein Backblech geben. Oder wie in der Abbildung oben, den Teig in eine gefettete Kastenform geben.

Anschließend nochmals ca. 30 Minuten gehen lassen. Nun den Teig mit Milch bestreichen und mit Kräutern der Provence bestreuen.

Bei 190° C Heißluft ca. 25 - 30 Minuten backen.

Kräuterbrot

600 g	Dinkelmehl Type 1050
1 TL	Zucker
2 TL	Salz
1 Bund	Schnittlauch
1 Bund	Petersilie
1 TL	Dill
2	Eier
1 Würfel	Hefe
¼ l	lauwarme Milch
3 EL	Öl

Aus Hefe, Milch und Zucker einen Vorteig bereiten. Aus den restlichen Zutaten einen geschmeidigen Hefeteig herstellen. Den Teig ca. 40 Minuten gehen lassen.

Aus dem Teig ein Brot formen und auf ein mit Öl eingepinseltes Blech geben. Nun das Brot nochmals ca. 30 Minuten gehen lassen.

Wenn keine Kräuter zur Hand, kann man dafür auch Speck und Zwiebeln verwenden.

Vorheizen bei 240° C.

Bei 190° C Heißluft ca. 35 - 40 Minuten backen.

Baguette

1 kg	Weizenmehl Type 550
1 Würfel	Hefe
½ - ¾ l	lauwarmes Wasser
4 TL	Salz
1 EL	Olivenöl
2 TL	Bruschetta-Gewürz

Hefeteig bereiten und 2 TL Bruschetta-Gewürz unter den Teig kneten und nach und nach Wasser dazugeben bis sich der Teig von der Schüssel löst.

Den Teig an einem warmen Ort ca. 5 - 6 Stunden ruhen lassen. (Siehe Bild oben.) Danach den Teig auf die bemehlte Arbeitsfläche legen und ihn in 4 - 5 Teile trennen. Diese mit Mehl bestäuben und länglich formen, auf ein mit Backpapier ausgelegtes Blech geben und zugedeckt weitere 15 Minuten gehen lassen.

Wasserbehälter in den Ofen geben.
Vorheizen - 240° C Heißluft.

Baguette mit Messer schräg einritzen und mit lauwarmen Wasser bestreichen.

Backzeit ca. 35 Minuten

E-Herd 200° C · G-Herd Stufe 3 · Heißluft 180° C

Gewürz-Vollkornbrot

750 g	Weizenvollmehl
250 g	Roggenvollmehl
2 Pck.	Trockenhefe
3 TL	Salz
1 EL	Koriander
1 EL	Kümmel
2 EL	Leinsamen
3 EL	Sonnenblumenkerne
4 EL	Sesamsamen
¾ l	lauwarmes Wasser

Mit dem Knethaken den Teig gut durcharbeiten, anschließend aber auch noch von Hand auf der bemehlten Backunterlage kräftig kneten.

Teig dann zu einer ca. 30 cm langen Rolle formen und diese in eine Kastenform legen. An einem warmen Ort 15 Minuten gehen lassen und bei 180° C - 200° C etwa eine Stunde backen.

Beim Backen ein mit Wasser gefülltes Gefäß in das Backrohr stellen.

E-Herd 200° C · G-Herd Stufe 3 · Heißluft 180° C

Brotaufstrich vegetarisch

1 Würfel	Hefe
1 EL	Margarine
1	Zwiebel
	Petersilie und Paprika
	etwas Pfeffer und Salz
125 ml	Brühe (Würfel)
4 EL	Semmelbrösel

Margarine und klein gehackte Zwiebeln mit der Hefe gut dünsten.
Petersilie und Paprika untermischen und mit Brühe ablöschen. Mit Salz, Pfeffer (je nach Geschmack) und Semmelbrösel eindicken.
Und als Serviervorschlag zum Abschluss mit Bruschetta-Gewürzmischung bestreuen.

Griebenschmalz à la Christian

1 kg Schweinefett im Stück (für Griebenschmalz beim Metzger grob durch den Wolf drehen oder sehr klein würfeln) langsam schmelzen lassen, bis es klar ist. Grieben abschöpfen und in einer Pfanne knusprig rösten.

1 große Gemüsezwiebel und 2 Äpfel ohne Schale klein würfeln und in einem Teil des klaren Fettes hellbraun rösten.

Mit 1 bis 2 Zehen gepresstem Knoblauch, Salz, Pfeffer, Majoran, Thymian und gemahlenem Koriander abschmecken. Erkaltet aufmixen, bis es schön weiß ist.

Buttermischungen

In jeweils 100 g Butter schaumig rühren:

-Eibutter

2 - 3 hart gekochte Eigelb, 1 TL Senf

Salz (Kräutersalz), etwas feingewogene Petersilie.

-Käsebutter

60 g geriebenen Emmentaler oder beliebigen Reibkäse oder 60 g Edelpilzkäse, etwas Salz.

-Zitronenbutter

Saft und feingeriebene Schale von je einer ½ Zitrone

Prise Salz.

-Nussbutter

2 EL geschälte, fein geriebene Haselnüsse, Walnüsse, je nach Geschmack

einige Tropfen Zitronensaft

1 Prise Zucker

½ Prise Salz

nach Belieben 1 Prise weißer Pfeffer

und ½ TL Petersilie.

Kressebutter

125 g	Butter
½	Kästchen Kresse
1 TL	Zitronensaft
1 EL	Sauerrahm

Alle Zutaten miteinander verrühren.

Junger Fenchel

Fenchel grün

Fenchel ausgereift

Borretsch

Pfefferminze

Bergthymian

Klee

Kapuzinerkresse

Ringelblume

Salbei

Rosmarin

Liebstöckl

Brennnessel

Girsch

Knoblauch

Löwenzahn

Kerbel

Galgant

Gänseblümchen

Schlüsselblume

Zitronenthymian

Basilikum

Sauerampfer

Brunnenkresse

Lavendel

Schopflavendel

Petersilie blühend

Quendel

Kerbel

Melisse

Oreganum

Thymian blühend

Schnittlauch

Der Kräuterbuschen

In der Zeit zwischen den beiden großen Marienfesten,
Maria Himmelfahrt und Maria Geburt, ruht auf allen Kräutern ein besonderer Segen.
Es ist auch die Zeit, in der die am häufigsten gebrauchten Heilpflanzen gesammelt werden.

Um ihre Heilkraft zu verstärken, werden einige von ihnen in die Kirche getragen, damit sie gesegnet werden. Seit altersher sind es ganz bestimmte Kräuter, die zur Weihe getragen werden und die Bestandteil des „Weihbuschns" zu sein haben. Es sind dies ausnahmslos gute Heilmittel aus der Volksmedizin, die darüber hinaus magische Wirkung auf Hof, Feld und Vieh haben. Dazu müssen sie aber vorher in der Kirche geweiht worden sein.

Der Kräuterbuschen besteht je nach Gegend aus 7, 9, 12, 16, 21, 33, 66, 72, 77 oder 99 Pflanzen, die um die Marienfeiertage herum gesammelt wurden. Um ihre Kraft freisetzen zu können, müssen sie wild gewachsen und dürfen *nicht mit Eisen* in Berührung gekommen sein.

Den Mittelpunkt des Buschens bildet eine Königskerze.
Um sie herum gehören unter anderem:
Johanniskraut, Rainfarn, Alant, Baldrian, Odermennig, Donnerkugel, Beifuß, Wermut, Liebstöckl, Pfefferminze, Katzenminze, Oregano, Eisenkraut, Labkraut, Leinkraut, Salbei, Petersilie, Hasel, Wiesenknopf, Teufelsabbiss, Weinrate, Schafgarbe, Knoblauch, Kamille, Eisenhut und Rittersporn.

Der geweihte Buschn wird im Haus aufgehängt.
Bei Bedarf werden Kräuter daraus zu Tee verkocht, bei Unwetter im Herdfeuer verbrannt, krankem Vieh ins Futter gemengt, in den Rauhnächten ins Räucherwerk gemischt oder bei sich getragen, denn „wer Dreißgenpulver bei sich trägt, entgeht allen Gefahren".

Estragon

Petersilie glatt

Der Gruttmüller

Ganz bei uns hier in der Nähe stand einst eine große Mühle, die dem Müller Grutt gehörte. Wenn aber einer von ihm sprach, nannte man ihn nur den Gruttmüller. Die Mühle lag an einem großen, breiten Bach inmitten fruchtbarer Felder und Wiesen. So schön aber die Mühle und das ganze Anwesen waren, so hässlich war der Gruttmüller äußerlich und auch innerlich. Mit brandrotem Schopf, kleinen, stechenden, schwarzen Augen und einem rechten Schmerbauch war er wirklich kein schöner Anblick. Noch schlimmer aber waren sein Geiz und seine Herzlosigkeit. Man erzählte von ihm, dass er als junger Mensch einmal einem Wassermann, der ein Menschenmägdlein heiraten wollte, sein Herz verkauft und dafür so viel Geld bekommen hätte, dass er sich die Mühle mit dem schönen Anwesen kaufen konnte. Ob das wahr ist, weiß man nicht, denn dabei gewesen war niemand von denen, die es berichteten.

Aber um nun auf unsere Geschichte zurückzukommen, muss ich erst einmal erzählen, was der Gruttmüller alles auf dem Kerbholz hatte. Wie schlecht behandelte er seine Frau und die Kinder! Die hielt er so knapp, dass es zum Gotterbarmen war. In den ältesten und abgetragensten Kleidern mussten sie herumlaufen und die niedrigsten Arbeiten verrichten. Das Essen wurde allen so kärglich zugemessen, dass die Kinder gar nicht richtig wachsen wollten. Das Gesinde blieb nie länger als vier Wochen bei ihm, denn wer wollte bei so schlechtem Lohn und Essen auch noch arbeiten, nur damit der Gruttmüller seine Taschen füllen konnte!

Am schlimmsten aber trieb er es mit den Wanderburschen. Kam so ein Wanderbursche, so setzte der Müller ihm, wie es der Brauch verlangte, Brot und Butter vor, aber beileibe nicht angeschnitten, sondern im ganzen. Da saß dann so ein armer Bursche und sah das schöne Essen und durfte sich kein noch so kleines Scheibchen abschneiden, denn ein Müllergeselle darf nie Brot und Butter anschneiden, wenn er auf Wanderschaft ist. Wenn dann der arme Bursche so ungegessen aufstand, um weiterzuwandern, dann hat der Gruttmüller ihm nicht einmal einen Zehrpfennig gereicht, sondern ihn einfach so gehen lassen, denn darum bitten durfte der Wanderbursche auch nicht. Das wusste der Müller nur zu gut.

Dies alles hatte sich herumgesprochen, und bald kam überhaupt kein Mensch mehr in die Mühle, außer den Bauern, die in der Umgebung wohnten und ihr Korn zum Mahlen bringen mussten. Eines Tages aber kam doch ein Wanderbursche namens Kilian, der noch nichts von dem geizigen Müller gehört hatte, und kehrte bei ihm ein. Der Kilian sagte sein Sprüchlein auf, und nachdem ihn der Müller allerlei gefragt hatte, durfte er eintreten. Der Gruttmüller rief seine Älteste, die Veronika, und trug ihr auf, für Brot und Butter zu sorgen. Da ging die Veronika hinaus und kam bald wieder mit einem schönen, frischen Laib Brot und einem Stück Butter. Ein Messer hatte sie nicht dazugelegt. Der Gruttmüller aber tat, als merke er nichts.

Er fragte und fragte, und der Kilian musste ihm Rede und Antwort stehen, obwohl der Magen gar grimmig knurrte. So saßen sie weit über eine Stunde. Der Kilian hatte längst gemerkt, was für einer der Müller war, und erhob sich, um zu gehen. Vielleicht würde wenigstens der Zehrpfennig noch gut ausfallen. Aber auch damit wurde es nichts. Ohne Geld und ohne Essen musste er wieder von dannen ziehen.

Im Dorf bei der Schmiede standen einige Bauern beieinander, und als sie den Kilian kommen sahen, fragten sie ihn nach dem Gruttmüller und was er, der Wanderbursche, wohl in der Mühle erlebt hatte. Da erzählte er, wie schlecht es ihm beim Gruttmüller ergangen war, und die Bauern lachten ihn gründlich aus, weil er so hereingefallen war. Der Kilian aber war gar nicht so ein gewöhnlicher Bursche, wie die anderen dachten, sondern ein halber Unterirdischer. War doch seine Mutter einst eine Wassernixe gewesen, die aus Liebe zu seinem Vater irdisch geworden war. Der Kilian nun hat sich recht wenig über den geizigen Gruttmüller gefreut, und in seinem Ärger hat er sich überlegt, wie er dem Müller wohl das Handwerk legen könne.

Da ist er denn zurückgegangen, bis er zum Mühlbach kam. Dort angekommen, öffnete er sein Ränzel und nahm eine Rute heraus, die er einst von seinem Paten, einem Wassermann, bekommen hatte. Damit hat er auf den Rasen geschlagen, bis die Unterirdischen herausgekommen sind und ihn fragten, was er denn wolle. Da hat er den Gruttmüller angeklagt und den Unterirdischen erzählt, wie es ihm und allen anderen Wanderburschen dort ergangen war. Die Unterirdischen haben erst lange Rat gehalten, aber schließlich ist da ein ganz Alter gewesen, auf den alle hingesehen haben. Der hat mit einer Handbewegung die anderen verscheucht und ist auf den Kilian zugegangen.

„Du sollst als redlicher Müller dein Recht haben, und ich werde den Gruttmüller bestrafen", sagte er. Dann hob er seine Arme empor und rief:

> *Geister kommt her,*
> *Schließet das Wehr!*
> *Wassermann lauf,*
> *Den Bach halte auf!*
> *Sturmwind sprich;*
> *Mühlstein zerbrich.*
> *Mühle sei stumm,*
> *Müller geh um*
> *Ohne Ruh*
> *Immerzu!*

Da wurde es finster. Ein gewaltiger Sturmwind kam auf. Der Bach floss plötzlich rückwärts, bis er versiegte, und in der Mühle polterte und krachte es. Und als es nach langer Zeit endlich wieder hell wurde, da stand nur noch eine zerfallene, zerbrochene, alte Mühle da, und alles Leben in ihr war erstorben. Später hat dann einmal ein Müllerbursche dort übernachten wollen, aber er ist schleunigst wieder davongelaufen, weil ihm, kaum, dass er die Mühle richtig betreten hatte, der Gruttmüller erschienen ist mit einem angeschnittenen Stück Butter und einem halben Brot in der einen Hand und in der anderen ein Messer. Erst an dem Tage, an dem ein Bursche beherzt genug ist, vom Gruttmüller Butter und Brot anzunehmen, wird er erlöst sein.

Chronik der Obermühle

930	Eine Urkunde berichtet von einer „femina monialia Rihni" in „Mulinheim" Hube zu Milheim und eine Mühle daselbzt (in der Kirchenchronik)
1325	Andre Frisinger, Miller zu Obermil
1612	Andreas Frisinger oo Magdalena
1641	S Wolfgang Friesinger oo Barbara Schmid, Nachbarntochter von Mühlham
1644	Georg Weyrer, Wildenwart, oo Magdalena Landinger von Gattern
1684	S Georg Weyrer oo Maria Stuhlrhainer, Andretochter von Reitl
1690	oo II Maria Noichl, Pfr. Riedering
1691	Wtw Maria Weyrer oo Caspar Edlmayr von Höhenmoos
1700	Wtw Caspar Edlmayr oo Martha Krug, Reiftochter von Ackersdorf
1703	Wtw Martha Edlmayr oo Wolfgang Weyrer von Oberprienmühl
1720	Wtw Wolfgang Weyrer oo Maria, Hofbäuerin von Tiefenthal
1722	S Wolfgang Weyrer oo Maria Schmid, Mesnertochter von Söllhuben
1742	oo II Barbara Barthl, Barthltochter von Mühlham
1773	S Jonas Weyrer oo Anna Raab, Mögltochter von Mangolding
1790	Wtw Anna Weyrer oo Leopold Marksteiner, Rannersohn von Pfunzen

1810	T Anna Weyrer oo Caspar Furtner von Furth bei Söchtenau
1826	Joseph Mayr, Grablmüller von Prien oo Maria, geb. Schecher, Bestandsleute auf der Mühle
1828	Wtw Anna Furtner, geb. Weyrer oo Joseph Reischl, Aumüllersohn von Rechtmehring
1835	S Caspar Furtner oo Anna Stocker, Anderlbauerntochter von Viehhausen, Pfr. Griesstätt
1866	S Caspar Furtner oo Maria Stocker, Nachbarbauerstochter von Hemberg, Pfr. Endorf
1876	Kf Quirin Pentenrieder, Zumüller von Aibling, 1872 oo Anna Kaiser von Schmitting, Gerichts Landsberg/Lech, Johann Müller von ProMberg, Pfr. Böbing, 1875 oo Maria Anna Schoßer, Söldnerstochter von Morgenbach, Pfr. Wildsteig, Korbinian Schuster, Bauersohn von Heimgarten, Pfr. Emmerting, 1886 oo Mechthild Asböck, Kramergütlerstochter von Brandstätt, Exp. Edling

1925 brannten Wohnhaus, Stall, Stadel und Mühle nieder. Wiederaufbau des Anwesens.

1926 S Franz Ser. Schuster oo Maria Schmid von Wolferkam

1927 Kf August Wagenstaller von Pausmühle, Pfr. Dorfen bei Aßling,
oo Katharina Wimmer von Kreithann, Pfr. Schönau

1945 wurde nach Plänen von Professor Rudolf Esterer (Schlösser und Seenverwaltung München)
das Haus mit Antrags- (Kirchen)stuck durch Wilhelm Maile gestaltet.

1964 S Anton Wagenstaller oo Anneliese Herzinger von Hofau bei Schloßberg,
daraus hervorgegangen 3 Töchter, Annelie, Christine, Karin

1986 T Annelie Wagenstaller oo Franz Bauer von Nudlbichl / Samerberg
daraus hervorgegangen 3 Söhne, Toni, Franz, Markus

Legende: oo = Verehelichung / oo II = zweite Ehe / T = Tochter / S = Sohn / Wtw = Witwe / Kf = Kauf

Kartoffelbrot

500 g	Weizenmehl Type 1050
500 g	Weizenvollkornmehl
2 Pck.	Trockenhefe
1 Tasse	lauwarmes Wasser
2	gekochte, geriebene
	Kartoffeln vom Vortag
600 ml	lauwarmes Wasser
2 EL	Salz

Mehl zum Bestäuben

Das Mehl in eine Schüssel sieben, die Hefe mit der Tasse Wasser auflösen und einen Vorteig bereiten. Die geriebenen Kartoffeln dazugeben, nach und nach das Wasser und Salz unter ständigem Kneten zuschütten. Den Teig durcharbeiten, bis er sich von der Schüssel löst. Das Teigvolumen muss sich ungefähr verdoppeln. Den Teig auf eine gut bemehlte Arbeitsplatte geben, rundwirken und Laibe formen. Mit einem Tuch zudecken und gut 25 Minuten ruhen lassen. Auf ein gefettetes, bemehltes Blech legen, mit einer Gabel mehrmals einstechen, in den vorgeheizten Ofen - untere Schiene - schieben. Eine halbe Tasse Wasser dazustellen oder vorsichtig auf die Bodenplatte gießen. Das Brot muss ungefähr 60 - 70 Minuten backen. Es ist gar, wenn es beim Anklopfen des Bodens hohl klingt. Herausziehen und gleich mit Wasser bestreichen.

Backtemperatur:
220° C auf 200° C fallend.

Tipp: Ein feines Brot mit weicher Kruste.

Walnussbrot

300 ml	kaltes Wasser
1 Würfel	Hefe
20 g	Honig
500 g	Weizen, frisch gemahlen
8 g	Vollmeersalz
100 g	Walnüsse, grob gehackt
1 g	Zimt

Vorteig: Das Wasser in die Rührschüssel geben, ebenso die zerbröselte Hefe, die man mit dem Schneebesen verrührt, 10 Minuten stehen lassen.

Nun gibt man Honig und Zimt dazu, rührt, bis sich alles gleichmäßig verteilt hat und mengt anschließend den frisch gemahlenen Weizen und das Salz sowie die grob gehackten Walnüsse bei.

Die Teigmasse wird 10 Minuten geknetet und sollte 15 Minuten gehen und dann kurz durchgeknetet werden. Das Backrohr heizt man 10 Minuten lang bei 200° C vor.

Nun gibt man die Teigmasse in eine gut gefettete, ca. 30 cm lange Kastenform, in der sie noch 5 Minuten ruht.

Die Backzeit beträgt 30 - 35 Minuten. Die ersten 5 Minuten bei 200° C, danach schaltet man das Backrohr auf 180° C herunter und bäckt noch 30 Minuten.

Anstelle von Walnüssen ruhig einmal Datteln und Haselnüsse verwenden.

Deftiges Hausmannsbrot

450 g	Mehl Type 1050
1 Würfel	Hefe
½ TL	Zucker
¼ l	lauwarme Milch
30 g	Margarine
150 g	Zwiebeln
100 g	gekochter Schinken, gewürfelt
100 g	geräucherter Schinken, gewürfelt
2 TL	Salz
1 EL	schwarzer Pfeffer, frisch gemahlen
	etwas Milch
1	Eigelb zum Bepinseln

Mehl in eine Schüssel geben, in die Mitte eine Mulde drücken. Hefe mit Zucker und einem Teil der lauwarmen Milch verrühren und in der Mulde ca. 15 Minuten gehen lassen. Pflanzenmargarine erhitzen und die Zwiebelwürfel leicht anbraten.

Mit den übrigen Zutaten zu dem Vorteig geben und alles gut durchkneten. Ca. 30 Minuten gehen lassen. Wieder durchkneten und in einer gefetteten Kastenform nochmals 30 Minuten gehen lassen.

Die Oberfläche einkerben und mit verquirltem Eigelb bestreichen. Im vorgeheizten Backofen ca. 50 Minuten backen.

E-Herd 200° C · G-Herd Stufe 3 · Heißluft 190° C

Für alle, die es gerne locker und weich mögen.

Zwiebelbrot

500 g	Mehl Type 1050
500 ml	Buttermilch
1 Würfel	Hefe
1 TL	Zucker (schwach gehäuft)
2 TL	Salz
100 g	Röstzwiebeln

Mehl, Hefe, Zucker und Buttermilch in das Rührgerät geben. Salz und Röstzwiebeln hinzufügen und zu einem glatten Teig verrühren. Diesen ½ Stunde gehen lassen.

Entweder in eine gefettete Kastenform geben oder zu einem Laib formen.

Bei 180° C ca. 45 Minuten backen.

Ins Rohr eine Tasse Wasser stellen, damit das Brot nicht zu hart wird.

Tipp:
Der Teig geht am besten, wenn alle Zutaten Zimmertemperatur haben.

Soja-Brot

200 g	Sojaflocken
250 g	Roggenmehl Type 997
750 g	Weizenmehl Type 1050
800 ml	Wasser
2 Pck.	Trockenhefe
20 g	Salz
25 g	Fertigsauer = Trockensauerteig

Sojaflocken mit 2/3 des Wassers übergießen, welches heiß sein sollte. Im restlichen Wasser (Zimmertemperatur) die Hefe auflösen. Alle übrigen Zutaten zugeben und zu einem Teig verarbeiten.

Teig ca. ½ Stunde gehen lassen, in bemehlte Brotkörbchen geben, nochmals kurz gehen lassen.

Backzeit: 15 Minuten bei 230° C, anschließend 1 Stunde bei 200° C ausbacken.

Braunhirsebrot

100 g	Braunhirsemehl
450 g	Weizenmehl Type 1050
1 Würfel	Hefe
¼ l	lauwarme Milch
1 EL	Zucker
2 TL	Salz
1 TL	Fenchel, zerstoßen
1 - 2 EL	Pflanzenöl

Das Mehl in eine Schüssel geben. In die Mitte eine Mulde drücken. Die Hefe mit einem Teil der lauwarmen Milch und Zucker verrühren und in die Mulde geben. Etwa 20 Minuten gehen lassen.

Die übrigen Zutaten zugeben und alles gut verkneten; nochmals ca. 30 Minuten gehen lassen.

Den Teig in eine gefettete Kastenform geben, nach 20 Minuten die Oberfläche mit Wasser bestreichen und im vorgeheizten Backofen ca. 50 - 55 Minuten backen.

E-Herd 200° C · G-Herd Stufe 3 · Heißluft 180° C

Mais-Reis-Brot

Rezept ohne Hefe und Sauerteig

120 g	Maismehl
250 g	Weizenmehl Type 1050
2 TL	Backpulver
1 TL	Salz
5 EL	Pflanzenöl
2	Eier
125 ml	Milch
125 ml	Wasser
180 g	gekochter Naturreis (ca. 60 g Rohgewicht)

Maismehl, Weizenmehl, Backpulver und Salz in eine Schüssel geben. Öl, Ei, Milch und Wasser einrühren, zum Schluss den gekochten Reis darunter mischen.

Teig in eine ausgefettete Kastenform füllen und im vorgeheizten Backofen ca. 40 Minuten backen.

E-Herd 190° C · G-Herd Stufe 2 - 3 · Heißluft 180° C

Kann warm gegessen werden und eignet sich - in Scheiben geschnitten - als Beilage zu Fleisch und Sojagerichten.

Pellkartoffel-Brot

(Backautomaten-Rezept)

250 g	Kartoffeln

Für den Teig:

200 ml	Wasser
50 ml	Speiseöl
2 TL	Salz
375 g	Vollkorn-Weizenmehl
1 Pck.	Trockenhefe
½ TL	Zucker
100 g	Sonnenblumen- oder Kürbiskerne

Kartoffeln kochen, heiß pellen, durch Kartoffelpresse drücken und etwas abkühlen lassen.

Wasser, Speiseöl und Salz in den Brotbackautomaten geben. Dann Vollkorn-Weizenmehl, Trockenhefe, Zucker, Sonnenblumen- oder Kürbiskerne und die Kartoffeln hinzufügen. Deckel schließen. Programm laut Bedienungsanleitung wählen.

Tipp:
Röstzwiebeln statt Sonnenblumen- oder Kürbiskernen.

Buttermilchbrot mit Haferflocken

500 g	Weizenmehl Type 1050
100 g	Haferflocken, mittlere Struktur
400 ml	Buttermilch
1-1 ½ Würfel	Hefe
1 TL	Zucker
125 g	Magerquark oder saure Sahne
2 - 3 TL	Salz
etwas	Fenchel (auch getrocknet)
	Haferflocken zum Bestreuen

Mehl und Haferflocken in eine Schüssel geben und in die Mitte eine Mulde drücken.
Buttermilch erwämen, einen Teil mit der Hefe und dem Zucker verrühren und in die Mulde geben.
Mit einem Handtuch zudecken und ca. 15 Minuten bei guter Zimmertemperatur gehen lassen.
Dann die restliche Buttermilch, Quark, Salz und Fenchel zugeben und alles miteinander verrühren.
Gut durchkneten (mit der Hand oder elektrischer Küchenmaschine) und nochmals ca. 30 Minuten gehen lassen. Einen Laib formen, mit lauwarmem Wasser bepinseln und mit Haferflocken bestreuen.
Im vorgeheizten Backofen ca. 45 - 55 Minuten backen.

E-Herd 200 - 220° C · G-Herd Stufe 3· Heißluft 180° C

Vollkornbrot

625 g	Weizenvollkornschrot
650 g	Wasser (sehr warm)
125 g	Roggenmehl Type 1150
250 g	Weizenmehl Type 1050
2 Pck.	Trockenhefe
20 g	Salz

Den Vollkornschrot mit dem Wasser übergießen und so lange stehen lassen, bis er Zimmertemperatur hat. Dann mit allen restlichen Zutaten (ohne Hefe) einen nicht zu festen Teig herstellen. Gut kneten.
Den Teig 10 Minuten stehen lassen, danach die in lauwarmem Wasser aufgelöste Hefe gut unterkneten.

Nachdem der Teig gut gegangen ist, wird er in eine Kastenform gegeben und ca. 40 Minuten bei 220° C gebacken.

Tipp für eine weiche Kruste:
Eine Tasse Wasser mit in den Backofen geben, damit sich Dampf entwickeln kann.

Faulenzer Brot

200 g	Roggen-Vollkornmehl
200 g	Weizen-Vollkornmehl
200 g	Dinkel-Vollkornmehl
100 g	Emmer-Vollkornmehl
100 g	Haferflocken (geflockt aus Sprießkorn-Nackthafer)
10 g	Haferflocken für die Form
1 Würfel	Hefe
3 EL	Olivenöl
650 ml	lauwarmes Wasser
	Butter zum Einfetten der Form

Für den Geschmack:
je 1 gehäufter EL Koriander, Kümmel, Hanfsamen, Steinsalz (gem.), 1 gestr. EL Schwarzkümmel (ganz)

1 Kasten- oder Brotbackform (30 cm lang)

Mehl, Gewürze, Salz, Haferflocken und die zerbröckelte Hefe in einer großen Schüssel trocken mischen. Die Mischung in eine Küchenmaschine mit Knethaken füllen.
Olivenöl, lauwarmes Wasser hinzugeben. Den Teig ausreichend durchkneten.
Die restlichen Haferflocken in eine mit Butter gefettete Backform rundherum einrieseln. Den Teig hinein- geben, glatt streichen, mit dem Tuch bedecken und - solange der Backofen auf 210° C (E-Herd) bzw. 180° C (Heißluftherd) vorheizt - an einem warmen Ort gehen lassen.
30 Minuten in der Form backen, dann das Brot auf das Backblech stürzen und weitere 30 Minuten goldbraun ausbacken.
Auf ein Gitter legen, mit Wasser bepinseln, auskühlen lassen.

Möglichst erst am nächsten Tag anschneiden.

Hans und das Mühlenmännchen

Da war einmal ein Müllerbursche, der hatte eben ausgelernt und wollte nun erst einmal auf Wanderschaft gehen, um die Welt kennen zu lernen. Lustig pfeifend ging er die Landstraße entlang und überlegte dabei, wo er wohl seinen ersten Dienst finden würde.

Als es nun Mittagszeit wurde, suchte er sich ein schattiges Plätzchen, wo er sich niederließ und seinen Ranzen auspackte. Oh, was hatte seine gute Mutter da alles hineingetan! Kein Wunder, dass er so schwer war. Da fand er Brot und Speck und einen halben Schinken, eine große, lange Schlackwurst und vieles andere. Hans, so hieß nämlich der Müllerbursche, packte alles fein säuberlich auf den Rasen und fing mit vollen Backen an zu kauen. Es war ein Donnerstag, aber trotzdem ein ganz besonderer Tag, was aber der Hans nicht wusste.

Und das war so:
Hans war ein Sonntagskind, und diese haben jedes Jahr einen Wunschtag. Leider weiß aber keines, welcher Tag das ist, so dass es ganz selten einmal dazu kommt, dass ein Sonntagskind sich etwas Richtiges wünschen kann.

Solcher Wunschtag war nun heute für den Hans. Da er aber ein Müller war, was etwas ganz Besonderes ist, hatte sich ein kleines Mühlenmännnchen aufgemacht, das ihn auf Schritt und Tritt beglei-

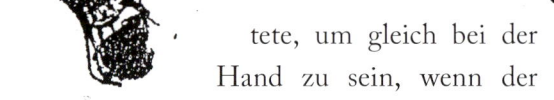

tete, um gleich bei der Hand zu sein, wenn der Hans sich etwas wünschen würde. Als Hans nun so dasaß und auf allen zweiunddreißig Zähnen kaute, bekam er einen großen Durst.

„Ach, jetzt noch eine Flasche Wein zu diesem herrlichen Essen", seufzte er vor sich hin und sah sich dabei auch um, ob nicht in der Nähe ein Bach wäre, an dem er seinen Durst stillen könnte. Als er nichts entdeckte, wandte er sich wieder seinem Essen zu, aber siehe da, mitten zwischen Brot und Speck stand plötzlich eine schöne, schlanke Flasche Wein. Da machte der Hans ein ganz verduztes Gesicht, nahm sie hoch, um zu sehen, ob auch wirklich etwas drin wäre, und als er merkte, dass sie bis oben hin voll war, schwenkte er sie im Kreise und rief dabei: „Vielen Dank auch, ihr Unsichtbaren!" Erst dann setzte er die Flasche an und nahm einen tiefen Schluck.

Hans war nämlich von seiner Mutter beigebracht worden, dass man stets danken müsse, wenn man etwas geschenkt bekommt. Das gefiel dem Mühlenmännchen ausnehmend gut, so dass er flugs noch ein silbernes Becherlein dazuzauberte. Der Bursche schenke sich ein, und als er getrunken hatte, schenkte er das Becherlein wieder voll, setzte es auf den Rasen und sprach: „Greif zu, Unsichtbarer, und tu dir auch etwas Gutes an, denn eine ganze Flasche ist für einen Wanderburschen doch wohl zu viel!"

Das Mühlenmännchen überlegte nicht lange, sondern griff zu und labte sich. Der Bursche, der das aber merkte, schob nun das Brot und den Schinken hinüber, wo er den Unsichtbaren vermutete und forderte ihn zum Zulangen auf: „Iss, es ist alles gute, hausschlachtene Ware und selbst gebackenes Brot von unserem Hof. Es gibt nichts Besseres auf der Welt." Auch das ließ sich das Mühlenmännchen nicht zweimal sagen. Es langte ordentlich zu, so dass Hans, obwohl er niemanden sehen konnte, merkte, wie Schinken, Speck und Brot abnahmen.

Als sie nun mit Essen fertig waren, packte Hans alles, was übrig war, wieder ein und machte sich dann auf den Weg. Das Mühlenmännchen aber folgte ihm wie ein Schatten. Da Hans rüstig ausschritt, brachte er eine gute Strecke Wegs hinter sich.

Es war schon am späten Nachmittag, als er plötzlich eine schöne, alte Mühle etwas abseits liegen sah. Das ist vielleicht etwas für mich, dachte er, und nach kurzer Zeit schon hatte er sie erreicht. Es war eine große, geräumige Mühle mit allem, ▸

was dazu gehört, aber wie groß war sein Erstaunen, dass weit und breit kein Mensch zu sehen war.

Da die Tür sperrangelweit offen stand, trat Hans ein. Aber auch drinnen war alles leer, obwohl das Mahlwerk in Gang war. Von oben klang es wie Einschütten von Korn, und unten hörte er das Bullebumm der Mühlensteine.

Hans stieg die Treppen hinauf bis unters Dach, und von da aus wieder hinunter zu den Mühlsteinen, aber fand niemanden.

Trotzdem kam dauernd das schönste weiße Mehl in die offenen Säcke geflossen. Die Säcke sprangen auf die Waage, um von dort aus einfach die Treppe hinunterzurollen und sich auf ein Eselchen zu werfen, das geduldig und allein dort unten stand. Das Eselchen aber setzte sich in Bewegung, und im Nu war es verschwunden, obwohl kein Baum und kein Strauch an der Straße stand, hinter dem es sich hätte verstecken können.

Hans wurde ganz eigen zu Mute. „Was war denn das für eine verwunschene Mühle?" Er stieg nochmals die Treppen hinauf und trat an eines der Fenster, um hinauszusehen, denn er mochte sich gar nicht von der schönen, alten Mühle trennen. Hier konnte er aber nicht bleiben. Wahrscheinlich waren der Müller und seine Leute einmal fortgegangen und würden zum Abend zurückkehren. Da konnte er doch nicht gut in der fremden Mühle herumlaufen.

Als er so dastand und einen letzten traurigen Blick zum Fenster hinaustat, seufzte er aus tiefster Brust vor sich hin und sprach: „Ach diese schöne Mühle besitzen und dann ein liebes Mädel freien und viele Kinder haben! Müsste das schön sein! Ach, wenn sie doch mein wäre, diese Mühle! Ich

würde sie auch gut halten und immer ein braver und ehrlicher Müller sein!"

In diesem Augenblick stand plötzlich das Mühlenmännchen sichtbar vor ihm und sprach: "Dein Wunsch soll dir erfüllt sein, lieber Hans. Weil du so dankbar warst und mir auch noch Speise und Trank gegeben hast, habe ich dich zu dieser alten Mühle geführt. Da außerdem heute dein Wunschtag ist, sollst du die Mühle haben, mit allem, was dazu gehört. Nur für Frau und Kinder musst du selbst sorgen, das steht nicht in der Macht der Unsichtbaren. Nun sprich, hast du noch einen Wunsch?"

Hans wusste sich kaum zu fassen vor Glück, aber da die Müller nun einmal besondere Menschen sind, haben sie auch ganz besondere Wünsche.

„Ja", rief er froh, „einen Wunsch hätte ich noch. Lass alle Mühlengeister, die zu einer richtigen Mühle gehören, hier einziehen. Den Bullebumm und den Siet, die Püllemännchen, den kleinen Elp, und wenn du magst, dann wohne auch du bei mir. Ich will euch allen dankbar sein für mein Glück, und es soll mir, wenn ich erst ein richtiger Müller bin, nicht darauf ankommen, auch euch hier und da einen Wunsch zu erfüllen!"

Und so geschah es. Bald danach hatte der Hans ein Weib heimgeführt, und da er ein richtiger Mann war, fehlte es auch nicht an Kindersegen. Die Mühlengeister sind alle bei ihm eingezogen und haben sich sehr wohl gefühlt.

Der Hans aber ist steinalt geworden und hat seine Mühle dem ältesten Sohn hinterlassen, und der hat es wieder so gemacht. So sitzen auch heute noch die Nachkommen des Hans in ihrer alten Mühle.

Unser tägliches Brot gib uns heute

Das Bild zeigt einen Pater, der im Frühjahr und Herbst von Haus zu Haus zog, um für sein Kloster Gaben zu erbitten. Als Dank segnete er die Kinder und gab ihnen Heiligenbilder.

Brot segnen

Man nimmt ein Messer und ritzt drei Kreuze in den Boden des Brotlaibes. Dabei spricht man: „Im Namen des Vaters, des Sohnes und des Heiligen Geistes. Amen."

In der schlechten Zeit wünschte man sich: „Einen Tag, eine Woche, wäre recht, wenn der Laib einen Monat reichen würde."

Brotgeschenke

Den Patenkindern schenkt die Patin (Gon) an Allerseelen einen Allerseelenwecken, ein süßes Weißbrot mit Rosinen.

Für den Einzug in eine neue Wohnung schenkt man Brot und Salz als Zeichen für die lebensnotwendigen Dinge im Haus.

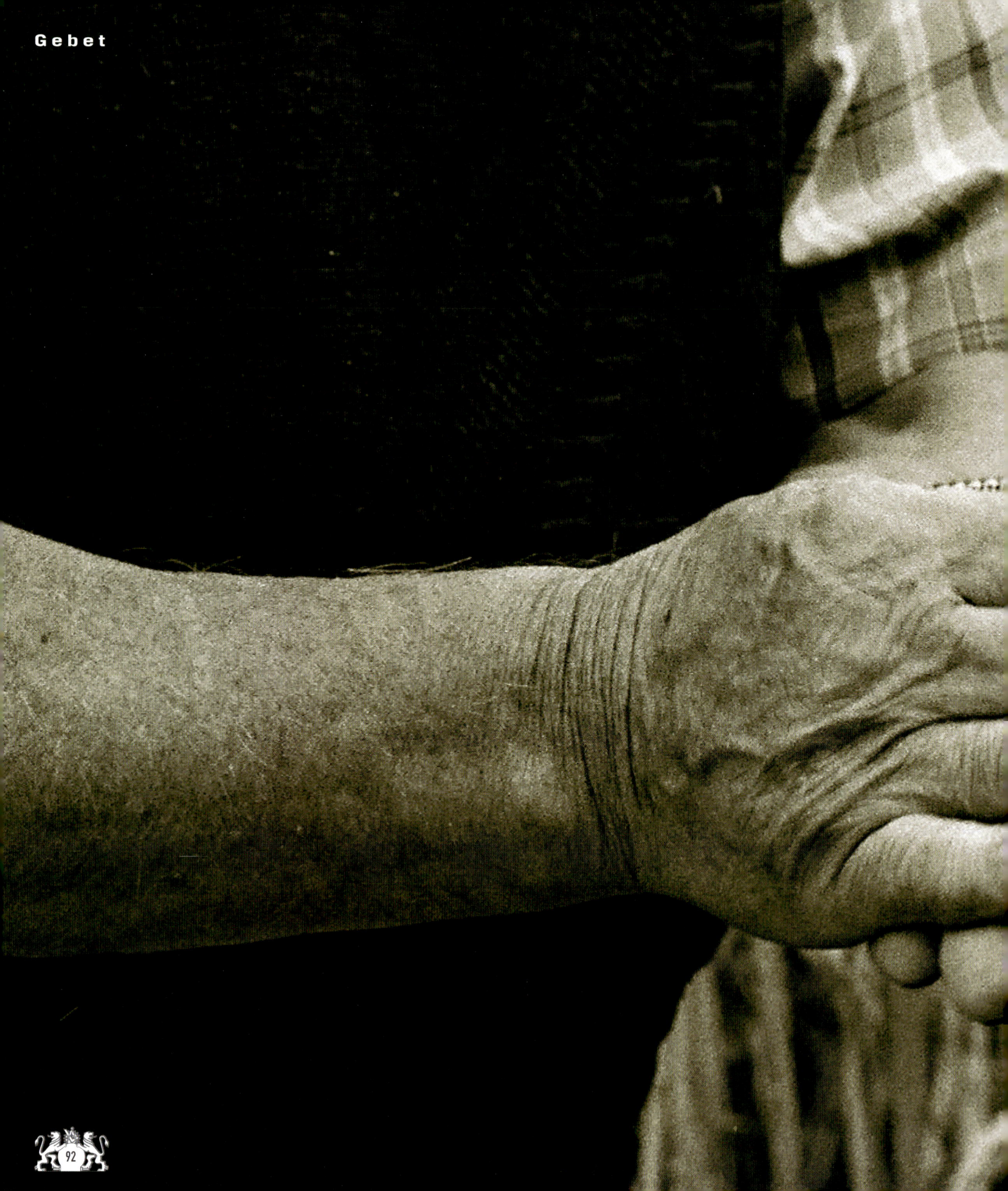

Gebet der Kinder

Brot ist in unserer Mitte.

Brot, das aus Körnern bereitet wurde.

Brot ist Leben.

Vom Brot lebt der Mensch.

Hier ist Brot, das uns satt machen,

das uns Freude schenken kann.

Hier ist Brot, das uns Kraft gibt,

Frucht der Erde für uns

und für alle Menschen.

Jesus selbst ist unser Brot.

Wir essen das Brot.

Wir teilen es miteinander.

Brot, das Gemeinschaft schafft.

Brot, das geteilt wird,

schafft Frieden und Versöhnung.

Die Malterin

Als die Zeit des Mühlenzwanges zu Ende ging und der Müller sein Getreide frei kaufen und verkaufen konnte, entstand der Beruf der Malterin. Diese kaufte vom Müller Mehl, lagerte es und verkaufte es weiter an die Stadtbewohner.

Geschichtliches

Zu Beginn des 11. Jahrhunderts bekam das Brot in der Ernährung breiter Bevölkerungsschichten eine zentrale Bedeutung und wurde zum Symbol jeglicher Nahrung. Die urbar gemachten Landflächen nannte man „Brotland", den Ertrag der Felder „Broternte". Ein Teil des „Brotes" musste als Mietzins oder Zehnter abgeliefert werden.

Der Backtrog hatte gleich zwei Funktionen: Es wurde darin sowohl der Teig geknetet als auch das Brot aufbewahrt. Die Familiengemeinschaft, die unter einem Dach gegessen und geschlafen hatte, „lebte von demselben Brot". Fehlte das Brot, dann war Hungerzeit!

Schnelles Dinkelbrot

1 kg	Dinkelmehl
¾ l	Buttermilch
3 EL	Sauerteig
1 Würfel	Hefe
4 EL	Sonnenblumen- oder andere Kerne
4 TL	Salz
je 1 Prise	Galgant, Quendel, Bertram oder Kümmel, Fenchel, Koriander

Die Zutaten (alle gleiche Temperatur) zu einem schwer reißenden Teig verarbeiten und in 2 oder 3 mit Backpapier ausgekleidete Kastenformen fest einstreichen. In der Mitte der Oberfläche eine längliche Rille ziehen, mit etwas lauwarmem Wasser füllen und evtl. mit Gewürzen bestreuen.

10 Minuten in das mit 250° C vorgeheizte Backrohr, dann die Temperatur auf 200° C absenken und weitere 50 Minuten backen. Mit dem Backpapier aus der Form nehmen und weitere 10 - 15 Minuten im abgeschalteten Rohr ausbacken.

Tipp:
Vor dem Anschneiden 1 Tag ruhen lassen, sonst gibt es Bauchweh.

Dinkel

Dinkel-Habermus

Dinkelschrot fein

Dinkeldunst

Dinkelmehl 630

Dinkel-Vollkornbrot

375 g	Dinkelvollkornschrot
375 g	Roggenvollkornschrot
250 g	Dinkelbrotmehl Type 1050
650 g	Wasser (sehr warm)
2 Pck.	Trockenhefe
20 g	Salz
35 g	Fertigsauer

Hefe in 100 ml lauwarmem Wasser auflösen. Aus allen anderen Zutaten (ohne Hefe) einen nicht zu festen Teig herstellen. Gut kneten.

Den Teig 10 Minuten stehen lassen, danach die in lauwarmem Wasser aufgelöste Hefe gut unterkneten.

Nachdem der Teig gut gegangen ist, wird er in eine Kastenform gegeben und ca. 40 Minuten bei 220° C gebacken.

Tipp:
Am besten geht das Brot auf, wenn es in feuchter Wärme gebacken wird.

Das Kneten

- Das Dinkelmehl ist von feiner Beschaffenheit. Es enthält mehr Klebereiweiß als Weizenmehl und ist zudem sehr dehnbar. Das ergibt hervorragende Backresultate.
- Der Dinkelteig eignet sich besonders für das Kneten von Hand; in der Küchenmaschine sollte er nur kurze Zeit und langsam geknetet werden.
- Ein Brotteig aus Dinkel braucht weniger Wasser, der Teig wird elastisch, aber nicht zäh.
- Bei zu intensivem Kneten besteht die Gefahr, dass der Kleber überdehnt wird, die Spannkraft des Teiges lässt nach, das Gebäck wird flach, die Teigoberfläche glänzt und wird feucht.
- Die Teigfestigkeit wird auf das Gebäck abgestimmt. Wenn das Brot in einer Form gebacken wird, darf der Teig weicher sein. Ein Zopf verlangt mehr Stabilität.
- Bei zu festem und zu trockenem Teig bleibt das Volumen klein und die Krume ist trocken und zerfällt in Stücke.
- Der Eiweißkleber wird durch das Kneten angeregt und kann sich gut entwickeln. Das Kneten auf einer Holzfläche fördert die Hefekraft, da der Teig weniger auskühlt.
- Wenn der Teig sich zwischen zwei Fingern gleichmäßig dünn wie Papier ausziehen lässt, ist er voll entwickelt.
- Bei höheren Temperaturen kommt es zu einer rascheren Quellung der Eiweißstoffe.
- Reichhaltige und festere Teige benötigen eine längere Entwicklungszeit.
- Je kürzer die Gärdauer, desto mehr Hefe und intensivere Bearbeitung braucht der Teig.

Roggen

Roggenschrot fein

Roggenvollmehl

Roggenmehl 1370

Roggenmehl 997

Hildegardisches Brot

500 g	Habermus (evtl. extra einweichen)
1,5 kg	Dinkelmehl Type 1050
30 g	Salz
3 Würfel	Hefe oder 2 Pck. Trockenhefe
	etwas Zucker
1 ¼ l	Wasser oder Milch
10 g	Bertram gemahlen
5 g	Galgant gemahlen
10 g	Quendel gemahlen
	oder einfach nur Fenchel u. Koriander

Mit Hefe und etwas Milch den Vorteig machen;
ca. 15 Minuten gehen lassen.

Rest an Mehl und Flüssigkeit zugeben und ca. 10 Minuten gut kneten, ca. 1 - 1 ½ Stunden gehen lassen.
2 Brote formen, ½ Stunden in einem Brotförmchen gehen lassen. Aus der Form rausklopfen, einstupfen und mit Wasser besprühen.

Bei 210° C in den Ofen und nach 20 Minuten auf 180° C zurückschalten und ausbacken.
Gesamtbackzeit: 50 - 60 Minuten.

Tipp:
„Einstupfen" ist mit der Gabel Löcher bzw. Muster hineindrücken.

Hildegard und der Dinkel

In der Ernährung und Medizin der hl. Hildegard spielt das Urgetreide, der Dinkel eine ganz besondere Rolle. Darauf basiert auch die „Hildegard Küche" nach Dr. Hertzka und Dr. Strehlow, Konstanz.

Der Dinkel ist ein Heilmittel! Durch den Dinkel wird das Erbgut verbessert, er schafft Unternehmungstüchtigkeit, gibt gutes Muskelfleisch - besonders für Hochleistungssportler - schafft gutes Blut, sorgt für stabiles Knochenwachstum, ist ein Knorpelregenerativ, gut gegen Arthrose, gut gegen Arthritis, er macht fröhlich und ausgeglichen, ist gut für die Nerven und besten Schlaf. Der Dinkel macht zu Zorn und Ungemütlichkeit neigende Menschen friedlicher und fröhlicher - fröhliche Menschen werden seltener krank, er salbt die Menschen von innen, er ist selbst als Hellmehl vollwertig.

Dinkel, der ein Magergetreide im Anbau ist, braucht nur arme, ja armselige Böden. Er ist einjährig, bringt nur 60 % des Ertrages vom Weizen, wird 1,70 m hoch.

Da er 1,70 m hoch wird, braucht kein Gift gespritzt werden, weil Unkraut verdorrt ohne Licht. Er braucht nur eine ganz minimale Düngung auf magersten Böden. Er zwingt also zum ökologischen Landbau und damit zum Frieden mit unserer Mutter Erde und der Umwelt.

Schwarzkümmel

Koriander groß

Anis

Kümmel

Fenchel

Dinkelflockenbrot

750 g	Dinkelmehl
250 g	kernige Dinkelflocken
1 Würfel	Hefe
1 TL	Rohrzucker
½ l	lauwarme Milch
1 EL	Salz
	etwas Milch zum Bestreichen

Aus den Zutaten einen Hefeteig mit Vorteig zubereiten. 1 bis 2 Brote daraus formen und in die gefettete und mit kernigen Dinkelflocken ausgelegte Brotform geben (oder die Brote vorher über Dinkelflocken wälzen).

An einem warmem Ort aufgehen lassen und vor dem Einschieben in den vorgeheizten Backofen mit Milch bestreichen. Auf mittlerer Schiene 45 bis 50 Minuten auf hoher Temperatur backen.

E-Herd 200° C · G-Herd Stufe 3 · Heißluft 190° C

Variante Kräuterbrot:
Zusatz von folgenden frischen und nicht zu klein gehackten Kräutern, die man unter den Teig knetet: 2 gehackte EL Schnittlauch, 2 gehackte EL Zwiebeln, 2 EL Dill, 2 EL Petersilie.

Dinkelflockenbrötchen

375 g	Dinkelmehl
125 g	kernige Dinkelflocken
2 Pck.	Trockenhefe
½ TL	Rohrzucker
½ l	lauwarme Milch
125 ml	lauwarmes Wasser
½ EL	Salz
	Milch zum Bestreichen

Zum Bestreuen: Dinkelflocken, Sesam oder (Mutter-) Kümmel zum Bestreuen

Aus den genannten Zutaten einen Hefeteig mit Vorteig zubereiten. Den aufgegangenen Teig auf einer bemehlten Arbeitsfläche zu einer Rolle formen, davon Stücke abschneiden und zu Kugeln formen.

Diese auf ein gefettetes Backblech legen und nochmals ½ Stunde aufgehen lassen. Mit Milch bepinseln und vor dem Backen einmal mit dem Messer einschneiden.

In den kurz vorgeheizten Backofen auf mittlere Schiene schieben und bei hoher Hitze 20 bis 25 Minuten backen.

E-Herd 200° C · G-Herd Stufe 3 · Heißluft 190° C

Kamut	Hirse	Hanf	Mohn	Kürbiskerne

Vollkorn-Dinkelbrot

Für Backautomaten

100 g	Dinkelkörner
300 ml	Wasser
3 EL	Olivenöl
2 TL	Salz
250 g	Vollkorn-Roggenschrot
200 g	Vollkorn-Dinkelmehl
1 Pck.	Trockenhefe
15 g	Trockensauerteig
1 TL	Zucker

Dinkelkörner über Nacht in kaltem Wasser einweichen, abtropfen lassen.

Wasser, Olivenöl und Salz in den Behälter des Automaten geben.

Roggenschrot, Dinkelmehl, Trockenhefe, Sauerteig, Zucker und Dinkelkörner hinzufügen. Deckel schließen. Programm wählen.

Tipp:
Statt Dinkelkörner können auch Sonnenblumen- oder Kürbiskerne verwendet werden.

Kürbisbrot mit Dinkel

Für Backautomaten

350 ml	Wasser
3 EL	Kürbiskernöl
2 TL	Salz
250 g	Dinkelmehl Type 630
150 g	Weizenmehl Type 550
1 Pck.	Trockenhefe
15 g	Trockensauerteig
1 TL	Zucker
100 g	Kürbiskerne

Wasser, Kürbiskernöl und Salz in den Behälter des Brotbackautomaten geben. Dinkelmehl, Weizenmehl, Trockenhefe, Sauerteig und Zucker hinzufügen.

Deckel schließen. Programm wählen. Nach Ertönen des Signaltons (Bedienungsanleitung des Herstellers beachten) Kürbiskerne hinzugeben.

Tipp:
Statt Kürbiskerne können auch Leinsamen verwendet werden.

Buchweizen

Grünkern

Roggen

Weizen

Dinkel

Dinkelknäckebrot

250 g	Dinkelflocken fein
250 g	Schrot (6-Korn oder Dinkel)
8 EL	Sesam
8 EL	Sonnenblumenkerne
4 EL	Leinsamen
2 TL	Salz
6 EL	Öl (Oliven-/Sesam-/Sonnenblumenöl - je nach Geschmack)
1 l	Wasser

Alles miteinander vermischen, ca. ½ Stunde gut ziehen lassen, dann auf ein geöltes Blech dünn aufstreichen. Bei 150° C Heißluft ca. 30 Minuten mehr trocknen als backen.
Nach der Hälfte der Zeit in Streifen schneiden und ausbacken, bis sie braun sind.

Folgende Dinkelflocken können verwendet werden:
- *Kernige Dinkelflocken aus dem Vollkorn geben Kuchen oder Gebäck einen herzhaften, kernigen Geschmack.*
- *Dinkelflocken aus Habermus kalt gewalzt eignen sich für lockere und mürbe Plätzchen.*
- *Mit Dinkelschmelzflocken aus Dinkelkernotto, kalt gewalzt, lassen sich Backwaren herstellen, die auf der Zunge zergehen.*

Knäckebrot

350 g	Dinkelmehl Type 1050
3 TL	Salz
100 g	Dinkelschrot
40 g	Butter
¼ l	kochendes Wasser

Mehl, Salz und Schrot in eine Schüssel geben, Butter in kleinsten Flöckchen zufügen und mit dem kochenden Wasser begießen (nach und nach), bis ein fester Teig entsteht.

Den Teig auskühlen lassen (am besten im Kühlschrank) und anschließend kräftig durchkneten. Teig in ca. 20 Stücke teilen und jedes Teil dünn auswellen.

Auf einem gefetteten Backblech ca. 15 Minuten im vorgeheizten Backofen backen.

Das Knäckebrot muss nur trocknen und sollte nicht braun werden.

E-Herd 160° C · G-Herd Stufe 1 - 2 · Heißluft 150° C

Abwandlung: Die Teigplatten mit Sesam oder Kümmel bestreuen.

Weizen

Weizenschrot fein

Weizenvollmehl

Weizenmehl 1050

Weizenmehl 405

Getreideerlös

Die Grafik zeigt den Erlös, den ein Bauer mit dem Verkauf von Getreide erzielt. Der Gegenwert von einem Sack Getreide ist in Form von Broten dargestellt. Selbst wenn man bedenkt, dass aufgrund gestiegener Erträge sowie technischer Hilfsmittel ein Bauer heute wesentlich mehr Getreide erzeugen kann als in der Vergangenheit, kann man aus dieser Statistik herauslesen, dass die Wertschätzung des Weizens in den vergangenen Jahrzehnten stetig gesunken ist.

(Quelle: Bayer. Statistisches Landesamt München, 1999)

1900
45

1950
60

1990
12

2000
4

Jacobstag (25. Juli)

Am Jakobstag begann in vielen Gegenden

die Ernte, es wurde der erste Schnitt gemacht:

St. Jakob nimmt hinweg die Not, bringt

erste Frucht und frisches Brot.

Der liebe, heil'ge Sankt Jakob,

der füllet uns die Scheuern.

Doch sind die Wucherer gar groß

und alle Ding verteuern.

Sie kaufen auf Getreide viel,

schütten sich Ihre Kasten voll.

Das ist fürwahr ein böses Spiel,

denn wer es wieder haben will,

muß zahlen gar zu hohen Zoll.

(alter Spruch, um 1500)

Giselas Hefezopf

ca. 750 g	Mehl Type 405 (sollte nicht kalt sein)
1 Pck.	Trockenhefe
1 - 2 EL	Zucker
375 ml	Milch (3,5 % Fett) - kann ruhig angesäuert sein - keine H-Milch
50 g	Butter
1 TL	Salz
2	Eier

Rosinen soviel man mag, evtl. etwas Orangeat, Zitronat und gehackte Mandeln

Mehl in eine Schüssel geben, in die Mitte eine Mulde drücken, 1 TL Zucker, 5 EL warme Milch einrühren und etwas gehen lassen. Außen am Rand: Eier, Zucker, Salz, Butter.

Beim Schlagen des Teiges (evtl. Mixer) Milch und Rosinen hinzufügen.
Der Teig sollte nicht zu streng sein, sollte sich leicht trocken anfühlen. Gehen lassen bis eine deutliche Erhöhung zu sehen ist. Den Teig in 3 große und 3 kleine Teile formen und daraus Zöpfe flechten. Im unteren Zopf eine Delle für den kleineren Zopf eindrücken und hineinlegen. Auf dem Blech nochmals gehen lassen.
Blech muss vorgewärmt sein - etwas einfetten.
Backofen 200° C ca. 25 - 30 Minuten auf 2. Schiene von unten.

Gleich nach dem Backen Zuckerguss drauf streichen (Puderzucker mit Zitrone - etwas dicklich sollte der Guss sein).

Tipp:
Weder Hefe- noch Sauerteig mögen Zugluft. Damit der Teig sich beim Gehen nicht erkältet, vergessen Sie niemals, ihn mit einem Tuch abzudecken.

Sonntagsbrot
aus Vollkorn

500 g	Weizen, sehr fein gemahlen
1 Würfel	Hefe
1 EL	Zucker
250 ml	Milch
1 Prise	Salz
1	Ei
50 g	Butter
5 EL	Honig
250 g	Rosinen
	Zum Bestreichen Milch und 1 Eigelb

Weizenschrot in eine Schüssel geben, in die Mitte
eine Mulde drücken. Hefe mit Zucker und einem
Teil der lauwarmen Milch anrühren, in der Mulde
ca. 15 Minuten gehen lassen. Die übrigen Zutaten
zugeben und gut verkneten.

Ca. 30 Minuten gehen lassen, wieder durchkneten,
einen Stollen oder Brotlaib formen und auf einem
gefetteten Backblech nochmals gehen lassen. Mit
verquirltem Eigelb bestreichen. Im vorgeheizten
Backofen ca. 50 Minuten backen.

E-Herd 200° C - 220° C · G-Herd Stufe 3 - 4
Heißluft 180° C

Osterbrot
und Osterweckerl

600 g	Mehl Type 1050
150 g	Weizenschrot, fein gemahlen
2 Würfel	Hefe
200 - 300 ml lauwarme Milch	
50 g	Zucker
100 g	Honig
1 Pck.	Vanillezucker
1 TL	Salz
½ TL	gemahlener Kardamom
200 g	gehackte Mandeln
150 g	Zitronat, gewürfelt
	etwas Zitronensaft
	abgeriebene Schale von ½ Zitrone
500 g	Rosinen
	etwas Milch
	Zum Bepinseln 1 Eigelb

Mehl und Schrot in eine Schüssel geben, in die Mitte
eine Mulde drücken.
Hefe mit etwas Zucker und lauwarmer Milch verrühren,
in der Mulde ca. 15 Minuten gehen lassen.

Den Rest Milch und die übrigen Zutaten hinzugeben
und gut miteinander verkneten. Ca. 30 - 40 Minuten
gehen lassen. Wieder durchkneten und den Teig in
zwei Hälften teilen. Aus der einen Hälfte einen Laib
formen und nochmals 30 - 40 Minuten gehen lassen.
Im vorgeheizten Backofen ca. 60 - 70 Minuten
backen.

E-Herd 200° C - 220° C · G-Herd Stufe 3 - 4
Heißluft 180° C

Nach dem Abkühlen wird das Osterbrot mit
Puderzucker bestäubt.

Am Wasser

Dem fließenden Wasser kommt überhaupt eine besondere Bedeutung zu. Irrlichter, Hexen, Totengeister konnten ebenso wenig wie böse Krankheiten, Pest und andere Seuchen, Flüsse und Ströme überqueren; eben deshalb sind Brücken und Mühlen stets besondere Geisterorte. Die Seelen der Ertrunkenen aber wohnen in Bach und Fluss. Die Bedeutung des Mehls für das tägliche Brot und das rhythmische, die Phantasie anregende Klappern des Mahlganges haben die Mühle und ihre Bewohner in Sage, Lied und Brauchtum tief verwurzelt; eine Rolle, die sie bis weit in die Tage der Romantik hinein beibehielten, als bereits Dampfmühlen und automatische Mühlen in Betrieb standen.

Lass stehen !

Im Korn, am Feldweg und auf dem Rain

blüht so vieles im Sonnenschein.

Man rauft es aus und trägt's nach Haus,

und getrocknet sieht's erbärmlich aus.

Was man doch nicht besitzen kann,

lass stehn, wo's steht und freu dich dran.

(Johannes Trojan)

Inspiration Mühlbach

„Ach Bächlein, liebes Bächlein, du meinst es so gut", heißt es im Lied „Der Müller und der Bach" aus Schuberts Liederzyklus „Die schöne Müllerin". Der Mühlbach ist wohl das meist besungene und meist gemalte Mühlenmotiv. Er hielt die Räder in Gang, in seinen Wellen spiegelte sich aber auch manches Unglück. War der Mühlbach doch oft genug letzte Bestimmung, Liebesleid und Weltschmerz fühlender Müllerburschen. Auch in der molinarischen Praxis hat der Mühlbach seine guten und schlechten Seiten. Immer wieder

war er Mittelpunkt von Rechtsstreitigkeiten, da das so genannte „Wasserregal" ja nicht im Besitz des Müllers, sondern meist des Landesfürsten war und den Müller somit in starke Abhängigkeit brachte. Darüber hinaus war der Mühlbach auch unbeliebt, weil es darin von Mäusen, Bach- und Wanderratten oft nur so wimmelte. Diesen unerwünschten „Mühlengästen" ließ sich in den auf Mäusefreiheit bedachten Mühlen nur entgegenwirken, indem man eine besonders hungrige „Mühlenkatze" auf Beutezug schickte.

Der Müllergeselle

Mein Vater wurde als junger Müllergeselle an verschiedenen Mühlen in unserer Gegend zum Arbeiten „ausgeliehen". Damals war es üblich, dass man sich anstelle der Wanderschaft bei Müllerkollegen verdingte, um sich fortzubilden.

Jede Mühle hatte ihr Mühlenstüberl. Das war eine Kammer in der Mühle, in der man untergebracht wurde. Die Aufgabe meines Vaters war, die laufende Mühle zu überwachen. Dabei musste er jederzeit - auch nachts - eingreifen, wenn ein Riemen fiel oder Mehl danebenlief.

Mein Bestreben als Müllerin ist es, die Erinnerung an die vergangenen Zeiten wieder aufleben zu lassen. Mit diesem Buch möchte ich die Mühen der früheren Generationen würdigen.

Als kleines Mädl machte mein Vater immer Mutproben mit mir. Ich musste bei laufender Mühle im Finstern die drei Stockwerke durchlaufen, bis hoch zum Sichterboden. Das war ganz schön unheimlich. Es hatte gerumpelt, geklopft und geknarrt. Ich fühlte mich ganz wie mein Vater in seinen Geschichten über seine Wanderschaft.

Wenn ich heute über's Land fahre, kann ich oftmals alte Mühlen wiederentdecken. Versuchen Sie es auch mal - Sie werden so manches Kleinod finden.

Man kann sie erkennen an den Namen wie Obermühle, Erlachmühle, Lohmühle, Mühlheim. Zu finden sind sie meist an Bachläufen. Vereinzelt findet man auch noch Wasserräder.

Die nebenstehende Widmung schrieb mir der bekannte Brauchtumspfleger und Kunde unserer Mühle Wastl Fanderl.

„ Die Müller soll man ehren,
denn sie sind Ehrens wert... "

Fanderl Wastl 1990

Oberbayrische Fassung
Sammlung Kiem Pauli

Da Habernsack

Da drau-ßn a da Au, da steht a
haus, is ei - ne al - te hi - dri hau-dri,
al - te Müll - ne - rin z'haus.
is ei - ne al - te

„Grüaß God, grüaß God, Frau Müllnerin,
wo stell i denn meinen Hidri haudri,
wo stell i denn meinen Habernsack hin?
hinein, hinein ins Kämmerlein
[...] er Hidri haudri,
[...] 's Bettstadl hinein."

Füllt die Kornkammern

Bei der Anlieferung wird das Korn auf Feuchtigkeit, Eiweißgehalt und Sauberkeit geprüft. Dabei legt der Müller Wert auf Qualitäten und Sorten, aus denen sich gute Gebäcke herstellen lassen. Er kann Getreidepartien gezielt mischen, um gleichmäßige Qualität zu sichern oder Mehle für spezielle Backwaren zu mahlen. Ganz wichtig ist die Reinigung. Denn gutes Mehl kann nur aus sauberen, gesunden Rohstoffen hergestellt werden. Deshalb gehören Sand, kleine Steinchen vom Feld, Unkrautsamen und Stroh nicht hinein; Schmutz und Staub werden mechanisch „abgeputzt".

Erst danach kommt das eigentliche Mahlen. Die Getreidekörner werden zwischen Walzen mehrmals zerkleinert, nach jedem Mahlgang gesiebt und aus den Zwischenprodukten werden dann die verschiedenen Mahlerzeugnisse zusammengeführt. Dieses vielstufige Verfahren der Müllerei ist sehr viel effektiver und schonender als die Zerkleinerung in nur einem Durchgang, wie z.B. bei den meisten Haushalts-Getreidemühlen. Nur so können gute Backeigenschaften des Getreides optimal herausgearbeitet werden für starke Typen mit erstklassigen Qualitäten.

Weizenkörner sind golden-braun und sollten als Speisegetreide in einer Mühle gereinigt werden.

Roggenkörner sind länglicher als Weizenkörner und haben einen grau-grünen Farbschimmer. Für Roggen-Speisegetreide ist die müllerische Reinigung besonders wichtig. Sie sorgt dafür, dass das eventuell im Roggen auftretende, giftige Mutterkorn entfernt wird.

Mühle heute

Jahrhundertelang wurde in den Mühlen ein Mehl als Gemisch aus schlecht gereinigtem Getreide und unvermeidlichem Mahlsteinabrieb erzeugt. Sortenvielfalt und hygienische Mehlerzeugung wurden erst mit dem Einzug der Technik in den Mühlen möglich.

Dem jeweiligen Mahlvorgang angepasste Stahlwalzen (Walzenstühle) übernehmen heute die Aufgabe der alten Mahlsteine. Das heißt: mit den Walzenstühlen kann man Schale, Keim und Mehlkörper trennen und über den Plansichter aussortieren. Damit ist es möglich, Mehl nur vom Hauptteil des Korns, dem Mehlkörper, zu erzeugen.

Erst jetzt beginnt das Mahlen. Damit dies sehr schonend geschieht, ist dies bei uns auf mehrere Walzenstühle aufgeteilt. Jeder Walzenstuhl besteht aus zwei in unterschiedlichen Richtungen und Geschwindigkeiten laufenden Walzen.

Diese Stahlwalzen sind ihrem Verwendungszweck entsprechend geriffelt oder glatt. Getreide wird beim Mahlen nicht nur zerdrückt, sondern auch geschnitten, aufgebrochen und ausgestreift.

Bei jedem Mahlvorgang fallen verschiedene Mahlprodukte (Schrot, Grieß, Dunst, Mehl) an.

Sanft eine Handfläche über die andere streichen, könnte man als die typische Handbewegung des Müllers bezeichnen.

Mehltypen

Weizen

Type 405 aus Weizen ist das klassische Haushalts- bzw. Kuchenmehl mit guten Backeigenschaften und hohem Bindevermögen (z.B. für Soßen).

Type 550 ist backstark: Beim Bäcker für helle Brotsorten, Brötchen und Kleingebäck mit viel goldbrauner Kruste, im Haushalt für gut aufgehende, besonders feinporig-lockere Teige.

Type 1050 wirkt dunkler, sie liegt als „mittlere Mehltype" auf halbem Weg zum Vollkorn. Daraus werden die Mischbrotteige geknetet; daheim ist sie erste Wahl für's herzhafte Backen.

Vollkornmehl wird mehlfein vermahlen, enthält aber sämtliche Bestandteile des vollen Korns. Damit lassen sich Vollkorngebäcke mit relativ lockerer Krume herstellen.

Vollkornschrot ist groß zerkleinert. Die Bäcker nehmen es für Weizenvollkornbrot (z. B. „Grahambrot"). Interessant wird's auch mit einer „Handvoll Schrot" in hellen Mehlen - kernig im Biss.

Weizengrieß dient als Nährmittel (z.B. für Grießpudding) oder für Teigwaren.

Dunst - ist zwischen Mehl und Grieß, auch Spätzlemehl, oder Wiener Grießler genannt. Eignet sich für Spätzle, Serviettenknödel und alles, was nicht klumpen soll.

Mehltypen gibt es bereits seit Anfang der 30er Jahre. Die Typenzahl wird bestimmt, indem man eine Mehlprobe so lange bei 900° C verglüht, bis nur noch die Mineralstoffe übrig bleiben. Wenn man z.B. eine Mehlprobe von 100 g Type 405 verglüht, bleiben 0,405 g Mineralstoffe übrig.

Roggen

Type 610 hellstes Roggenmehl für Schmalzgebäck.

Type 815 Roggenmehl für helle Roggenbrote.

Type 997 regional unterschiedlich verbreitet, mit Weizenmehl gemischt werden daraus Teige für deftige Roggenmischbrote oder milde Weizenmischbrote bereitet.

Type 1150 Verwendungszweck wie bei Type 997, nur etwas dunkler.

Type 1370 typisches Bäckermehl für herzhafte Roggen- und Roggenmischbrote.

Type 1700 Roggenvollkornmehl für dunkles Mischbrot.

Vollkornschrot (grob, mittel oder fein) aus Roggen sind die wichtigsten Vollkornerzeugnisse: für unsere kernig-dunklen „Schwarzbrote". Sie enthalten sämtliche Bestandteile der gereinigten Körner, müssen aber gemischt werden, um backfähig zu sein.

Dinkel

Type 630 idealer Ersatz für Weizenmehl 405, gute Backeigenschaften.

Type 1050 die erste Wahl für herzhaftes Backen, gut geeignet für Mischbrot.

Dinkelvollmehl wird mehlfein vermahlen, enthält sämtliche Bestandteile des vollen Korns, für's Vollkornbrot.

Dinkeldunst - die Körnung zwischen Mehl und Gries, wird verwendet für Spätzle, Dampfnudeln, Strudelteig.

Mehllagerung

Wichtiges zur Lagerung von Mehl

Ob in Papiersack, Mehlsilo oder zu Hause, vier Dinge sind zu beachten:

1.

Mehl sollte trocken gelagert werden, denn Feuchtigkeit begünstigt die Tätigkeit von Mehlenzymen, d. h. das Mehl verringert schnell seine Backeigenschaft und Schimmelbefall droht.

Schädlinge

Dattelmotte

(Ephestia cautella)

Vorkommen: Warme Klimate - zahlreiche gelagerte Produkte

Min. Entwicklungsdauer: 25 Tage

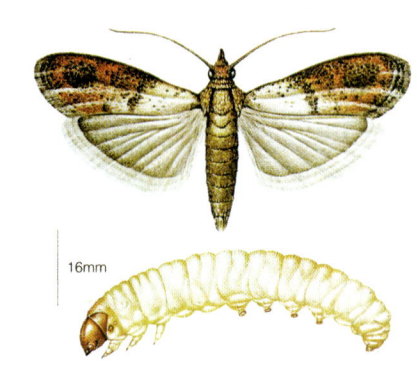

Dörrobstmotte

(Plodia interpunctella)

Vorkommen: In wärmeren Klimaten - Getreide, Dörrobst, Nüsse usw.

Min. Entwicklungsdauer: 26 Tage

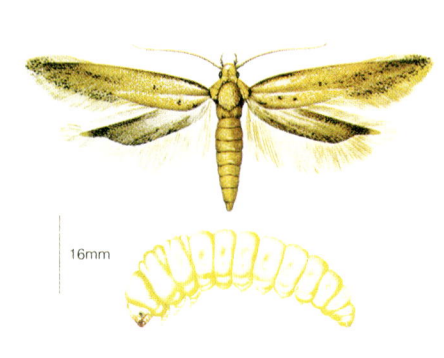

Getreidemotte

(Sitotroga cerealella)

Vorkommen: Weltweit - Getreide, häufig vor der Ernte.

Min. Entwicklungsdauer: 30 Tage

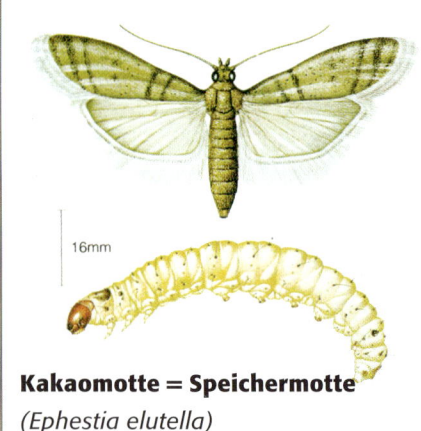

Kakaomotte = Speichermotte

(Ephestia elutella)

Vorkommen: Gemäßigte Klimate - Getreide, Ölsaaten, Trockenfrüchte, Nüsse, Kakao, Tabak usw.

Min. Entwicklungsdauer: 6 - 9 Monate

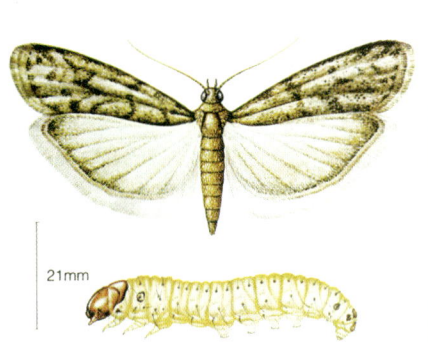

Mehlmotte

(Ephestia kühniella)

Vorkommen: Weltweit - Getreide, Mehlprodukte usw.

Min. Entwicklungsdauer: 6 - 9 Monate

Mehlmilbe

(Acarus siro)

Vorkommen: Weltweit - Getreide, besonders bei hohem Feuchtigkeitsgehalt und nach vorhergehendem Pilzbefall.

Min. Entwicklungsdauer: 17 Tage

2.

Mehl sollte natürlich auch sauber gelagert werden, denn sonst drohen Schädlings- und Schimmelbefall.

3.

Mehl muss kühl gelagert werden, denn Wärme beschleunigt den Abbau von Enzymen und das Mehl verringert seine Backeigenschaft.

4.

Mehl sollte luftig lagern, denn Mehl verdichtet sich beim Übereinanderlagern und erwärmt sich dabei. Außerdem gibt Mehl während der Lagerung Wasser ab und erhöht so die Luftfeuchtigkeit.

Auch sollte es vor Fremdgeruch, z.B. von frischen Farbanstrichen, Reinigungs- und Desinfektionsmitteln, geschützt werden.

Kornkäfer
(Sitophilus granarius)
Vorkommen: Gemäßigte Klimate - Getreide
Min. Entwicklungsdauer: 4 Wochen

Reiskäfer
(Silophilus oryzae)
Vorkommen: Tropische und gemäßigte Klimate - Getreide
Min. Entwicklungsdauer: 4 Wochen

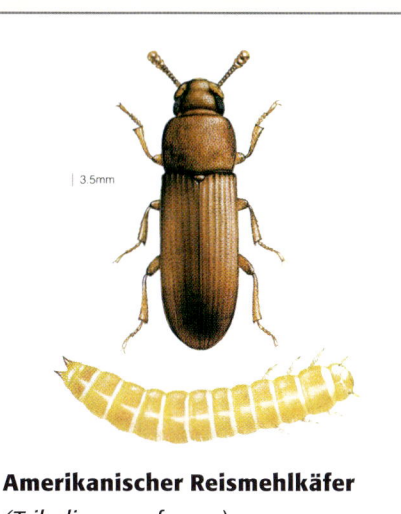

Amerikanischer Reismehlkäfer
(Tribolium confusum)
Vorkommen: Weltweit - Getreide
Min. Entwicklungsdauer: 20 Tage

Getreideplattkäfer
(Oryzaephilus surinamensis)
Vorkommen: Weltweit - Getreide, als Folgeschädling von Kornkäfer
Min. Entwicklungsdauer: 20 Tage

Speisebohnenkäfer
(Acanthoscelides obtectus)
Vorkommen: Weltweit - Hülsenfrüchte, im Lager, aber auch im Feld vor der Ernte
Min. Entwicklungsdauer: 3 bis 4 Monate

Rotbrauner Leistenkopfplattkäfer
(Chryptolestes ferrugineus)
Vorkommen: Weltweit - Getreide, als Sekundärschädling
Min. Entwicklungsdauer: 23 Tage

Für eventuellen Schädlingsbefall in Ihrer Speisekammer, haben wir auf unserer Homepage eine Reihe „Erste Hilfe"- Maßnahmen zusammengestellt: **www.naturkostmuehle.de**

Broterlebnis

Die beste Heilstätte der Welt nebst Licht, Luft, Wasser und Erde ist eine mit Verständnis, Sorgfalt und Liebe geführte Küche! – *nach Hildegard von Bingen*

Sie sollen mit Freude backen, bewusst leben, mit Genuss essen und lernen, dabei gesünder zu werden.

Mondtipp
Am besten gelingt Brot an Fruchttagen.

Brot erleben
Brot erleben ist die Schulung meiner Sinnesorgane - meine Phantasie wird angeregt, es wird experimentiert und kreiert.
So einfach das Brotbacken auch ist, es soll ein Fest sein, ein mit Genuss erfülltes Erlebnis, nicht Verrichtung und Sättigung, sondern Freude.

Brot vorbereiten
Die geeigneten Backzutaten:
Verschiedene Mehle aus Weizen, Roggen, Dinkel, Hafer, Hirse, Mais, Grünkern, Quinoa, Amaranth, Kamut, Gerste, Buchweizen, ganz frisch aus Ihrer Mühle besorgen.

Brotgeschmack gestalten
mit Koriander, Kümmel, Fenchel, Schwarzkümmel, Schabzigerklee, Salbei, Salz, Petersilie, Walnüsse, Schinken, Zwiebel, Bruschetta, Leinsamen, Sesam, Sonnenblumenkerne, Kürbiskerne, Majoran, Oregano, Schnittlauch, Dill, Sauerampfer, Brunnenkresse, Lavendel, Quendel, Galgant, Bertram, Melisse, Kerbel, Thymian, Estragon, Gänseblümchen, Schlüsselblume, Knoblauch, Löwenzahn, Girsch, Brennnessel, Liebstöckl, Basilikum, Zitronenthymian, Ringelblume, Rosmarin, Borretsch, Klee, Kapuzinerkresse, Salbei, Pfefferminze, Zucker, schwarzer Sesam, Goldleinsaat, Hanf, Mohn, Anis, Rosinen, Milch, Kräutersalz - der

Phantasie sind keine Grenzen gesetzt. Erlaubt ist, was gefällt und Ihnen schmeckt.

Brot mischen
Wichtig für einen guten Brotteig ist, dass alle Zutaten Zimmertemperatur haben. Nehmen Sie also Eier, Milch usw. rechtzeitig aus dem Kühlschrank.
Die Zutaten können Sie entweder mit der Hand oder mit den Knethaken der elektrischen Küchenmaschine mischen.

Wichtig ist, dass Sie zuerst das Mehl und den Hefevorteig in die Schüssel geben. Dann können Sie die übrigen Zutaten (auch den Sauerteig) einarbeiten.

Brot fühlen
Kneten Sie jetzt den Teig so lange, bis er sich zu einem Ballen formt und nicht mehr am Schüsselrand kleben bleibt. Ansonsten noch etwas Mehl dazugeben.

Anschließend bestäubt man den Teigballen mit etwas Mehl. So wird verhindert, dass sich eine Kruste auf der Teigoberfläche bildet. Zum Gehenlassen die Teigschüssel mit einem Tuch bedecken und an einen zimmerwarmen Platz stellen. Temperatur und Luftfeuchtigkeit des Raumes spielen bei der Gehzeit eine Rolle.
Als Faustregel gilt: Hat sich die Teigmenge etwa verdoppelt, ist die Zeit um. Der Tastsinn spendet Trost und Geborgenheit, bringt Zufriedenheit und damit Gesundheit für den Menschen.

Brot kneten

Anschließend muss der Teig jetzt aber mit den Händen auf bemehlter Arbeitsfläche nochmals 5 - 10 Minuten durchgeknetet werden. Wichtig: Nicht nur durchmengen, sondern kraftvoll kneten, von außen nach innen und wieder von außen nach innen - immer so weiter. Siehe Abbildung Seite 114.

Wir greifen unter das Brot und legen es mit der glatten Unterseite in das Gärkörbchen.

Brot formen

Nun kann der Teig nach Belieben geformt werden und sollte ein zweites Mal in der Form oder auf dem Backblech zugedeckt gehen. Bevor Sie das Brot in den vorgeheizten Backofen schieben, können Sie es phantasievoll bestreichen, dekorieren oder einritzen.

Brot backen

Damit im Backofen genügend Feuchtigkeit vorhanden ist, empfiehlt es sich, eine Tasse Wasser in den Backofen zu stellen oder zu schwallen.

Brot riechen

Können Sie Ihr fertiges Brot schon riechen?
Über den Geruchssinn erreicht man die Seele. Denn Körper, Geist und Seele sind eine Einheit.

Brot hören

Nehmen Sie das Brot sofort nach dem Backen aus der Brotbackform. Wenn Sie es länger als empfohlen in der Form lassen, nimmt es einen großen Teil der während des Abkühlungsprozesses abgegebenen Feuchtigkeit wieder auf. Fertig gebackenes Brot klingt hohl, wenn Sie mit den Fingerknöcheln dagegen klopfen. Abkühlen lassen Sie das Brot am besten auf einem Kuchengitter.

Brot brechen

Das Brot sollte gut ausgekühlt sein, bevor Sie es anschneiden.

Brot teilen

Am besten schmeckt Brot, wenn man andere an diesem Fest der Sinne teilhaben lässt.

Brot schmecken

Nach einem alten Sprichwort geht Liebe bekanntlich durch den Magen. Essen ohne Ärger und die Kraft des vorhergehenden Gebetes. Genießen Sie Ihr Brot.

Tipps zum Brotbacken

◆ Hefeteige, die mindestens 10 bis 15 Minuten von Hand oder 3 bis 5 Minuten mit der Teigknetmaschine, mit kurzem Nachkneten von Hand, bearbeitet werden, ergeben eine feine Porung. Je gründlicher man knetet, desto lockerer wird der Teig.

◆ Damit der Teig gut quellen kann, sollten die Zutaten zu einer elastischen, geschmeidigen Masse verknetet werden.

◆ Weichere und feuchtere Teige gehen besser auf.

◆ Weder Hefe noch Sauerteig mögen Zugluft. Damit der Teig sich beim Gehen nicht erkältet, vergessen Sie niemals, ihn mit einem Tuch abzudecken.

◆ Hefeteige nach der Reifung sofort weiterverarbeiten, sonst verliert das Brot die Form und fällt zusammen.

◆ Der Teig geht besser auf, wenn man ihn vor dem letzten Aufgehen mit dem Messer oder der Schere einschneidet oder einkerbt.

◆ Flache Brote sollten mit einer Gabel eingestochen werden.

◆ Backen in der Form, z.B. Keramikform, Tontopf, Blechform, Kastenform, hier darf der Teig etwas weicher sein und braucht nicht von Hand geformt zu werden.

◆ Beim Verarbeiten der Vollkornteige sind einige Grundregeln zu beachten:
Die Vollkornteige sollen immer etwas nachquellen, das heißt, vor dem Backen etwas rasten.

◆ Die Vollkornteige sollen immer etwas weicher sein als die mit Weißmehl hergestellten, da die Kleie genügend Flüssigkeit braucht, um quellen zu können; andernfalls wird das Backwerk trocken.

◆ Wandelt man herkömmliche Rezepte in Vollkornrezepte um, nimmt man ungefähr dieselbe Menge Honig wie Zucker angegeben ist.

◆ Beim Backen von Brot das Backrohr auf ca. 250° C vorheizen. Schiebt man nur 1 Blech ein und sind die Brote klein, so lässt man sie nur 3 Minuten auf 250° C, schaltet dann auf 180° C zurück und backt sie fertig. Bei großen Broten und wenn Sie mehrere Backbleche (Heißluftrohr) einschieben, schalten Sie erst nach 5 - 7 Minuten zurück und backen die Brote dann fertig.

Vor Beginn der Backzeit

◆ Schwarzer Kaffee oder Zuckerrübensirup schaffen eine dunkle, glänzende Kruste.

◆ Den heißen Brotlaib mit in Wasser aufgelöster Speisestärke eingepinselt, ergibt einen schönen Glanz der Kruste.

◆ Mit Salz verrührtes Eigelb ergibt eine stark glänzende Kruste. Das Bestreichen mit Ei eignet sich nur für Gebäck mit kurzer Backzeit, die Oberfläche bräunt sonst zu stark.

◆ Mit Milch wird sie matt glänzend und mit Honig noch zusätzlich süß.

◆ Um eine besonders knusprige Kruste zu erhalten, sollte während des Backens viel Wasserdampf im Ofen sein. Entweder eine Tasse mit heißem Wasser auf den untersten Rost stellen oder die Fettpfanne mit Wasser füllen und die Backformen darüber auf einen Rost stellen.

Die letzten 10 Minuten im Rohr

◆ Wird die Kruste vorzeitig dunkel, kann sie mit Alufolie abgedeckt werden.

◆ Streicht man den Brotlaib kurz vor Backende mit Wasser ein, erhält man eine glänzende Kruste.

◆ Wenn man Eigelb oder mit Milch verquirltes Ei kurz vor Ende der Backzeit auf den Brotlaib streicht, macht es die Kruste goldgelb und glänzend.

Backfehler

◆ Backfehler auf einen Blick in der Übersicht auf Seite 118.

Bei Abwandlung von Backrezepten bitte beachten

◆ Brote und Backwaren, welche mit Milch, Fett und/oder Eier zubereitet werden, bekommen eine sehr weiche, kuchenähnliche Krume. Mit Buttermilch erhält das Gebäck zusätzlich eine milde Säure. Nur Zutaten bester Qualität verwenden.

◆ Salz verleiht dem Gebäck vor allem Geschmack, hält aber auch die Gärung der Hefe in Schach und stärkt dadurch die Entwicklung des Klebers. Es entsteht ein Gebäck mit stabiler Krume.

◆ Zucker beschleunigt den Gärungsprozess und dient der Hefekultur als schnelle Nahrung. Sie hebt zudem den Geschmack, stärkt die Konsistenz der Krume und verleiht der Kruste Farbe.

◆ Wenn Sie zu den leckeren Frühstücksbrötchen als Besonderheit Rosinen hinzufügen, werden Sie feststellen, dass sie zu süß werden, wenn die im Rezept angegebene Zuckermenge nicht reduziert wird.

◆ Käse schmilzt und macht die Teigmischung zu flüssig, wenn Sie nicht weniger Wasser als vorgesehen zugeben.

◆ Gibt man ins Zwiebelbrot etwas Curry, wird das Brot schön gelb und mild in der Schärfe sowie lieblich im Geschmack.

◆ Nur Zutaten bester Qualität verwenden.

Mögliche Fehler und ihre Ursachen auf einen Blick

Spaltengruppen: **Verhalten des Teiges** (1–12), **Ausbund** (13–19), **Form** (20–24), **Kruste** (25–32), **Krume** (33–39), **Geschmack** (40–44)

Spaltenüberschriften:

1. nachlassend
2. feucht - klebrig
3. flach - schlapp
4. nachsteifend
5. bockig, hartbacken
6. kurz - rissig
7. zu trocken
8. kleines rundes Stück
9. unelastisch
10. zu elastisch
11. keine normale Gärung
12. zu kleines Volumen
13. ganz verschwommen - blind
14. flach
15. hochgezogen
16. verklebt
17. ohne Konturen
18. scharfgratig
19. breit und rauh
20. flach, breiter Boden
21. hochgezogen
22. klein, knopfig
23. rund, gedrungen
24. dachförmig
25. blasig
26. zu starkes Fensterln
27. schwache Bräunung
28. ungleichmäßige Bräunung
29. matt, glanzlos
30. grau
31. zu weich, nicht rösch
32. zu hart, splittert
33. grobporig, ungleichmäßig
34. Hohlräume
35. feinporig
36. verminderte Elastizität
37. feuchte Krume
38. trockene Krume, Risse
39. krümelig
40. geringes Aroma
41. fade, lind
42. Altgeschmack
43. salzig
44. Fremdgeschmack

Ursache des Fehlers	Verhalten des Teiges (1–12)	Ausbund (13–19)	Form (20–24)	Kruste (25–32)	Krume (33–39)	Geschmack (40–44)
zu wenig Hefe	3, 6, 7, 11, 12	–	21	29, 30	33	–
zu viel Hefe	12	16	–	27	33, 35, 37, 38	–
zu wenig Malzbackmittel	3, 7, 11	–	–	27, 28, 29	–	40, 41
zu viel Backmittel	2, 4, 5, 6, 7	14	20	29	36, 37	44
zu wenig Salz	1, 11, 12	–	20	–	–	40, 41
zu viel Salz	4, 11	14	–	–	–	43
zu wenig Teig	1, 2	13, 15	20	25	33, 34, 35, 38	–
zu fester Teig	5, 6, 7, 8, 9, 11, 12	13	20, 21, 22, 23	27	33, 34, 35, 37	–
zu kühler Teig	7, 11, 12	18	23, 24	25	35, 36	–
zu warmer Teig	5, 7, 8, 11	13	20, 24	–	35, 37, 38	42
zu kurz geknetet	4, 5, 7, 8, 11	18	22, 23	29, 30	33, 34	–
zu lang geknetet	5	18, 19	–	–	33	–
Teigruhe – zu trocken	5, 7, 8, 11	–	–	–	–	–
Teigruhe – zu feucht	1	16	–	–	–	–
Teigruhe – zu kühl	7, 8	17	–	31	–	–
Teigruhe – zu warm	1	13, 14, 15	20	–	–	43
Teigruhe – zu kurz	7	13, 15, 17	–	25, 31	37, 38	–
Teigruhe – zu lang	1	13, 14, 15, 19	23	–	33, 37, 38, 39	–
Endgare – zu trocken	6, 7, 11	–	20	26	34	–
Endgare – zu feucht	1	–	20	–	36	–
Endgare – zu kühl	7, 8	18	–	27, 30	33	–
Endgare – zu warm	1	13, 14, 15	24	26	–	43
Endgare – zu kurz	7	13, 15, 17	22	–	–	40
Endgare – zu lang	1	13, 14, 15, 17	20, 21	26	30	–
zu wenig Schwaden	–	13, 15, 18	–	27, 28, 29	–	–
zu kühler Ofen	–	13, 15, 17, 19	22	27, 29, 30	37, 38	40
zu heißer Ofen	–	–	21, 22	27	34	–
zu kurze Backzeit	–	17	–	27, 28, 29, 31	37	41
zu lange Backzeit	–	–	–	25, 28, 31	–	–

Die Zeilengruppen "Teigruhe" und "Endgare" sind in der Vorlage durch seitliche Beschriftungen gekennzeichnet.

Schwaden = künstlich erzeugter Wasserdampf im Backrohr (siehe Tipps) · Krume = das innere des Brotlaibs · Ausbund = Rissbildung der Rinde an vorgezeichneten Stellen durchschneiden

Lagerung

Brötchen lagern am besten in sehr luftdurchlässigen Behältern, da die Kruste sonst rasch weich wird.

Um Schimmelpilzbefall vorzubeugen, muss sehr auf Sauberkeit geachtet werden. Alte Reste und Krümel begünstigen - zusammen mit Feuchtigkeit - die Schimmelbildung.

Den Behälter regelmäßig reinigen und sorgfältig trocknen. Wichtig! Einmal wöchentliche Reinigung mit Essigwasser.

Entscheidend für die Frische eines Brotes ist die Qualität der Backzutaten und die sorgfältige Verarbeitung. Dunkle Brote eignen sich besser zur Lagerung als helle.

Brot nicht im Kühlschrank aufbewahren. Durch den Gefrier- und Abtauzyklus wird dem Brot viel Feuchtigkeit entzogen, es wird schnell altbacken.

Brot kann auch ohne Behältnis gelagert werden, indem man es auf den Anschnitt stellt.

Einfrieren

Ofenfrisches Brot eignet sich vorzüglich zum Einfrieren (bis 8 Monate); am besten in einzelnen Scheiben. Abends immer den Bedarf für morgen rauslegen.

Bei Zimmertemperatur auftauen und evtl. kurz aufbacken.

Schrot, Grieß und Vollkornmehl lassen sich hervorragend in luftdichten Behältern einfrieren.

Teigreste können Sie auch einfrieren; nach dem Auftauen sollten Sie ihn jedoch nochmals gehen lassen und wie gewohnt ausbacken.

Altbackenes Brot

Altbackenes Brot verwandelt sich in klugen Händen in nützliche und schmackhafte Speisen. Viele sind in einigen Minuten leicht zuzubereiten, andere erfordern etwas mehr Zeit und eine gewisse Geschicklichkeit.

Doch in allen Fällen muss man bedenken, dass wir mit dem altbackenen Brot nicht nur unser Speisenangebot vervielfältigen können, sondern dass wir damit einem unserer wichtigsten Produkte menschlicher Arbeit die nötige Achtung entgegenbringen.

Röstschnitten mit Spiegelei

200 g	Weißbrot
½ Glas	Milch
6	Eier
2 EL	Butter
	süßer Paprika
	Salz nach Geschmack

Das Weißbrot in Scheiben schneiden, kurz in Milch oder Wasser tauchen, anschließend durch geschlagenes Ei ziehen und braten. Die Röstschnitten auf einen Teller legen und auf jede Schnitte 1 Spiegelei setzen. Mit zerlassener Butter übergießen und mit wenig süßem Paprika bestreuen.

Rösteln mit Eiern und Petersilie

200 g	Weißbrot
2 EL	Butter
3	Eier
	Petersilie
	Salz nach Geschmack

Die Weißbrotscheiben in Würfel schneiden und in Butter goldgelb braten. Mit geschlagenen Eiern übergießen, nach Geschmack salzen und umrühren.

Wenn die Eier fest geworden sind, gehackte Petersilie einstreuen, das Gemisch in eine Suppenschüssel geben und mit Suppe übergießen oder heiß auf einem Teller extra servieren.

Röstschnitten mit frischen Pilzen

200 g	Weißbrot
2	Eier
2 Glas	Milch
5	frische Pilze
1	mittlere Zwiebel
50 g	Butter
½ EL	Weizenmehl
1 Bündel	Petersilie
2 EL	saure Sahne
1 EL	Reibesemmel
	Salz und Pfeffer nach Geschmack

Das Weißbrot in 1 cm dicke Scheiben schneiden, die Eier schlagen, salzen und Milch hinzufügen. In dieses Gemisch die Brotscheiben tauchen. Jede Scheibe von einer Seite braten, mit der nicht gebratenen Seite auf ein mit Fett eingestrichenes Backblech legen. Geputzte frische Pilze waschen, schneiden, mit Mehl bestäuben und in Butter braten. Angebratene Zwiebelwürfel, saure Sahne, Salz und Pfeffer zu den Pilzen geben. Alles gut vermengen und 30 Minuten schmoren. Diese Masse auf den Röstschnitten glatt streichen, mit Reibesemmel bestreuen und 8 bis 10 Minuten in der vorgeheizten Backröhre backen. Gehackte Petersilie überstreuen und heiß servieren.

Röstschnitten in Butter

200 g Weißbrot und 2 EL Butter oder Margarine

Weißbrot, Brötchen o. Ä. in dünne Scheiben oder in die gewünschte Form schneiden und in der Stielpfanne von beiden Seiten in Butter oder Margarine goldgelb braten.

Röstschnitten mit Käse und Paprika

- ungarische Art -

200 g	Weißbrot
1 EL	Butter
100 g	Käse
	Paprika nach Geschmack

Das Weißbrot in Scheiben schneiden, diese kurzzeitig antrocknen und mit Butter bestreichen. Ungefähr ½ cm dicke Käsestreifen darauf legen, mit Paprika bestreuen und in der heißen Backröhre - bis der Käse zu schmelzen beginnt - backen.

Arme Ritter

200 g	Weißbrot
1 Glas	Milch
2	Eier
½ EL	Weizenmehl
2 EL	Butter
2 EL	Zucker

Weißbrot oder Brötchen in Scheiben schneiden, in ein Gemisch aus Eiern, Milch und Mehl tauchen und in einer Stielpfanne in Butter goldgelb braten. Die Röstschnitten mit Zucker bestreuen.

Brottrunk = Kwaß

Dieses alte Volksgetränk erfreut sich in Rußland großer Beliebtheit. Brotkwaß hat einen angenehmen Geschmack und ein angenehmes Aroma, stillt den Durst durch die in ihm enthaltenen Extraktstoffe und Gärungsprodukte.

Der Einfluss von Brotkwaß auf die Verdauungsprozesse ist vorteilhaft, weil das Getränk Milchsäurebakterien enthält, die infolge der Milchsäurebildung die Arbeit des Darmes normalisieren.

Der Nährwert des Kwaß wird durch die in ihm enthaltenen leicht verdaulichen Eiweiße, Zucker, organische Säuren, Vitamine und mineralischen Verbindungen bestimmt.

Kwaß wird als Dessertgetränk sowie auch für die traditionelle russische Okroschka verwendet.

Die Herstellung von verschiedenartigem Brotkwaß ist in Russland seit langem bekannt. Es gibt sauren Kwaß, süßen Kwaß, Minze-Kwaß, duftenden Kwaß, 24-Stunden-Kwaß. Leider ist eine Anzahl alter Rezepte verloren gegangen, aber ein Teil blieb erhalten und wurde bis in die heutige Zeit überliefert.

Einfacher Okroschka-Kwaß

1 kg	Roggenbrot
7 l	Wasser
½ Glas	Zucker
15 g Würfel Hefe	
2 EL	Mehl

Das Roggenbrot in kleine Scheiben schneiden. Die Scheiben bis zur hellbraunen Farbe abbräunen, anschließend in einen Topf legen, mit kochendem Wasser übergießen, den Topf zudecken und 3 bis 4 Stunden stehen lassen.

Danach den Aufguss abseihen, Zucker und Hefe hinzugeben. Die Hefe vorher in warmem Wasser mit Mehl auflösen und 1 Stunde stehen lassen. Den Kwaß warm stellen, 4 bis 5 Stunden stehen lassen und dann kühlen.

Den fertigen Kwaß abfüllen, verkorken und kalt stellen.

Trotz der neuen Rechtschreibung, haben wir uns erlaubt den Kwaß in seiner alten Schreibweise aufzunehmen.

Onkel Martin und seine Schwester Marianne bei der Heuernte in Obermühl.

Der Brot „O" typ

Ein Mensch, mit großem Appetit,
saß da und fragte sich womit
bekämpfe ich denn meine Not?
„Ich hab's" sprach er, „ich backe Brot!"

Erst mal auf die Idee gebracht,
verbringt er unruhig eine Nacht
und morgens durchs Verkehrsgewühle
fährt er zu der Naturkostmühle.

Er kauft sich Mehl, ohne zu geizen,
vom Roggen ein und auch vom Weizen,
Brotgewürz und Hefepackung,
vom Sauerteig auch eine Ladung.

So kann das Brot wohl schon gelingen,
um es auch schön in Form zu bringen,
braucht nicht zu fahr'n er bis nach Rom,
die Form dafür, die hat er schon.

Mit Buttermilch den Teig gerührt,
hat er ganz leichte Angst verspürt
ob's Brot, das wird er später seh'n
auch wieder kommt dann, nach dem Geh'n.

Dass es nicht kommt, kommt selten vor,
er schiebt es in des Ofens Rohr,
das er zuvor beheizt schon hat,
auf zweihundert und dreißig Grad.

Und fertig ist's, das kann er seh'n,
nach einer Stunde dann und zehn.
Nach kurzer Zeit, kaum abgekühlt,
hat er sich außer Stand gefühlt,
zu zähmen seine große Lust,
zu sehr gereizt hat ihn die Krust,
mehlbestäubt, goldbraun gebacken,
kaut er nun auf beiden Backen.
Selbst geback'nes Brot macht fit,
wir wünschen guten Appetit.

Theo Busch (frei nach Eugen Roth)

Das Herzstück unserer Mühle

Hildegard
von Bingen:

- Mehle
- Elexiere
- Gewürze
- Literatur ...
und seit
30 Jahren
kompetente
Fachberatung

*Ständig frisches Mehl, aus Dinkel,
Weizen und Roggen*

*Meine männliche Stütze im Leben
und wann immer nötig, auch in der
Mühle. Franz Bauer, selbstständiger
Zimmerermeister und Restaurator.
www.zimmereibauer.de*

Wagenstaller – Power mal 4 – von links: Christine, Karin, Annelie und Anneliese Wagenstaller, das Mühlenquartett.

Danksagung

Danke schön, meine liebe Mami, dass Du jahrelang Material gesammelt und damit einen großen Fundus für mich aufbewahrt hast. Er ist der Grundstock für mein Buch geworden. Vielen Dank auch für die tägliche Arbeit rund um Haus, Garten und Mühle, die Du während meiner schriftstellerischen Tätigkeit übernahmst.

Mein Dank gilt auch Dir, Elmar Kinninger. Es war einfach etwas Neues für mich, Dir als Photographen und Graphiker, der Du einen Blick für's Besondere hast, meine Wünsche zu präsentieren. Diese dann in kurzer Zeit „schwarz auf weiß" so zu sehen, wie ich es mir vorgestellt hatte, war ein Erlebnis. Es bereitete mir große Freude, so freundschaftlich begleitet zu werden.

Meinem Mann Franz ein recht herzliches Dankeschön für seinen grenzenlosen Rückhalt und seine beständige Unterstützung sowie für die umfangreiche Planung und den Bau meines Backofens, der natürlich sehr gut funktioniert.

Danke meinen Kindern Toni, Franzi und Markus. Ich muss Euch ein großes Lob aussprechen. Ihr wart hervorragend in der Beurteilung meiner Brote. (Überraschung ▼)

Meinem Onkel Martin vergelt's Gott für die schönen alten Bilder, die ich in meinem Buch veröffentlichen durfte. Du hattest damals schon einen Blick für einzigartige Momente.

Meiner Schwester Karin herzlichen Dank, dass Sie immer für mich da war und mir den Rücken freigehalten hat, sowie allen anderen lieben Menschen aus der Obermühl für Ihre unendliche Unterstützung.

Danke, liebe Cornelia Rogner, für Deine Hilfsbereitschaft und Bereitstellung Deiner zehn fleißigen Finger. So manchen Tag hast Du für mich geopfert.

Mein Dank gilt auch allen meinen Kunden für ihre Lieblingsrezepte und das konstante Nachfragen, wann es endlich mein Brotbackbuch zu kaufen gibt.

Ein großes Lob gebührt Ingrid Baumgartner für ihre Lektoratsarbeit und die kurzfristige Überarbeitung meiner nicht immer leichten Texte.

$n = 200$

$n = 200$